Doris Tropper

Hätte ich doch…

Von den Sterbenden lernen,
was im Leben wirklich zählt

Doris Tropper

Hätte ich doch …

*Von den Sterbenden lernen,
was im Leben wirklich zählt*

mvgverlag

Bibliografische Information der Deutschen Nationalbibliothek
Die Deutsche Nationalbibliothek verzeichnet diese Publikation in der Deutschen Nationalbibliografie. Detaillierte bibliografische Daten sind im Internet über http://dnb.d-nb.de abrufbar.

Für Fragen und Anregungen:
DorisTropper@mvg-verlag.de

2. Auflage 2013

© 2013 by mvg Verlag, ein Imprint der Münchner Verlagsgruppe GmbH,
Nymphenburger Straße 86
D-80636 München
Tel.: 089 651285-0
Fax: 089 652096

Redaktion: Marion Appelt, Wiesbaden
Umschlagabbildung: Fotolia
Satz: Carsten Klein, München
Druck: CPI - Ebner & Spiegel, Ulm
Printed in Germany

ISBN Print 978-3-86882-280-9
ISBN E-Book (PDF) 978-3-86415-326-6

Weitere Informationen zum Verlag finden Sie unter
www.mvg-verlag.de
Beachten Sie auch unsere weiteren Imprints unter
www.muenchner-verlagsgruppe.de

INHALT

HEUTE NOCH

Heute noch miteinander reden.
Zurückgehen, das Gespräch von Neuem beginnen.
Morgen könnte einer von uns tot, stumm, blind, gelähmt sein.

Heute noch zurückgehen, noch einmal hören, sich überwinden, verzeihen,
das Urteil über einen Menschen aufheben.
Heute noch, die Sonne wird über zwei Versöhnten untergehen.
Martin Gutl[1]

1 **Martin Gutl**. *Heute noch*. © Karl Mittlinger. In: *Texte, Meditationen, Gebete*. Styria, 1983. Seite 92. Der sozial engagierte Priester und Buchautor Martin Gutl war Rektor des Grazer Bildungshauses Mariatrost. 52-jährig erlag er einem Gehirntumor.

EINLEITUNG

Die Bereitschaft, sich auf sterbende Menschen einzulassen, sie in ihren Wünschen und Bedürfnissen ernst zu nehmen und ihnen bis zuletzt ein Leben in Geborgenheit zu ermöglichen, hat in den letzten Jahrzehnten zugenommen. Elisabeth Kübler-Ross gilt als Pionierin der Sterbebegleitung und hat mit ihren legendären »Interviews« wesentlich dazu beigetragen zu verstehen, was Menschen in ihren letzten Lebensstunden benötigen, um in Würde und Gelassenheit Abschied nehmen und loslassen zu können. Die Hospiz-Bewegung, wie sie die englische Krankenschwester, Sozialarbeiterin und Ärztin Cicely Saunders Anfang der 1960er-Jahre ins Leben rief, hat großen Zulauf. Viele Frauen wie Männer interessieren sich für die Sterbebegleitung und bringen oft auch eigene Erfahrungen, die sie mit nahen Angehörigen gemacht haben, ein. Gestorben wird daher heute nicht mehr anonym hinter verschlossenen Türen in Einrichtungen, sondern häufig dort, wo Menschen leben und zu Hause sind.

Der Wunsch, einem Schwerkranken oder Sterbenden noch möglichst viel Gutes zu tun, verstellt oft die Sicht auf das Wesentliche und verschleiert die Tatsache, dass uns Menschen auf dem letzten Streckenabschnitt ihres Lebensweges viel mehr zu sagen und uns sowie unserem Leben mitzugeben haben als umgekehrt. Sie haben die »Endstation« erreicht und können direkt und schonungslos auf ihr ungeschminkt zurückliegendes Leben blicken – manchmal mit Bitterkeit und Trauer, manchmal aber auch mit Humor und in Dankbarkeit.

An der hauchdünnen, fließenden Grenze zwischen Leben und Tod werden Lebenslügen entlarvt, unerfüllbare Wünsche geäußert,

Situationen reflektiert, Begegnungen hinterfragt, Beziehungen bedauert, vieles, manchmal sogar alles infrage gestellt. »Wenn ich noch einmal leben könnte, dann würde ich so vieles anders machen!« Doch dafür ist es jetzt zu spät. BegleiterInnen wie Angehörige, die in diesem Augenblick genau zuhören, die bereit sind, das Beklagen des Scheiterns und dunkler Flecken in der Biografie des Sterbenden auszuhalten, lernen unendlich viel für sich selbst und ihr eigenes Leben. Dem scheidenden Menschen bleibt es versagt, aus den Fehlern der Vergangenheit und der eigenen Unzulänglichkeit zu lernen, weil es für ihn keine zweite Chance und kein Dacapo gibt. Was aber können wir daraus lernen? Welche Aussagen von Sterbenden haben mich nachhaltig beeinflusst oder dazu geführt, etwas in meinem Leben zu verändern?

Als Oliver Kuhn, einer der beiden Geschäftsführer des mvg Verlags, dies von mir wissen wollte, brauchte ich einige Zeit, um den Sinn hinter diesen Fragen zu verstehen. Spontan hatte ich aufgrund jahrelanger Arbeit in Hospizen und in Sozialeinrichtungen sowie unzähligen Aus- und Fortbildungen im Bereich Pflege, vor allem aber durch meinen Umgang mit Alzheimerkranken und ihren Familien nur eine Antwort darauf: »Ich habe gelernt zu leben!«

Wenn ich nun für dieses Buch sieben Begegnungen mit Sterbenden − vom zehnjährigen Kind bis zur 85-jährigen Frau − vor meinem inneren Auge Revue passieren lasse, mir Situationen, Geschichten, Begegnungen und Gedanken in den Sinn kommen, dann stelle ich fest, dass ich unendlich viel von diesen Menschen gelernt habe. Sie waren alle an einen Punkt gelangt, an dem es kein Ausweichen oder Verdrängen mehr gibt, kein Vergleich zu allen vorherigen existenziellen Lebenskrisen. Deswegen handelt es sich bei den von ihnen geäußerten Wünschen auch um echte, authentische Herzensangelegenheiten. Das, was sie angesichts des endgültigen Abschieds durch den Tod nicht mehr tun können, ist wie ein Vermächtnis für uns Zurückbleibende, mitten im Leben Stehende. Wir können daraus lernen, die Notbremse zu ziehen und bewusster mit diesem einen Leben umzugehen, denn es könnte schon bald zu spät sein.

Was lehren uns also die Sterbenden?

LEBEN – LIEBEN – LACHEN.

LEBEN

*»Ich wünschte, ich hätte den Alltagstrott
öfter durchbrochen!«*

Das kann auf unser Leben übertragen bedeuten, einmal etwas Verrücktes ganz ohne schlechtes Gewissen zu machen, etwas, das guttut und vielleicht schon längst überfällig ist: die Gänseblümchen auf der Parkwiese zählen oder große und kleine Seifenblasen in die Luft pusten und ihre schillernde Zartheit bewundern. Oder vielleicht eine Stunde lang ohne Handy und Laptop unterwegs sein, sich selbst und seine Umgebung wahrnehmen, achtsam hinhören auf die Geräusche des Alltags und spüren, wie man mit beiden Beinen im Leben steht. Oder aber sich auf ein Kinderkarussell setzen, das sich dreht, sich den Wind um die Ohren pfeifen lassen und einfach nur glücklich sein.

*»Ich wünschte, ich hätte nicht so viel Zeit mit meiner Arbeit und
meiner Karriere vergeudet!«*

Auch einmal Nein sagen können, wenn einem alles über den Kopf wächst und zu viel wird. Sich Zeit nehmen für die wesentlichen Dinge im Leben und überlegen, was tatsächlich wichtig ist.

Nachspüren, ob der Beruf tatsächlich Berufung oder lediglich ein Job zum Geldverdienen ist. Geldscheffeln allein macht nicht glücklich.

Was aber macht mich glücklich?

Was bedeutet Glück für mich?

Manchmal muss man auch sehr mutig sein und sich den eigenen Ängsten stellen, um Veränderungen herbeizuführen und Neuorientierung zu ermöglichen.

Das geht nicht immer ohne schmerzhafte Trennungen und Abschiede, aber es lohnt sich, den ersten Schritt zu machen. Das hat schon Hermann Hesse in seinem Gedicht *Stufen* erkannt, in dem er an die Bereitschaft zu Abschied und Neubeginn appelliert und uns sachte darauf hinweist, dass jedem Anfang ein ganz besonderer Zauber innewohnt, der uns hilft zu leben und uns gleichzeitig auch beschützt.

»Wo sind meine Träume hingekommen?«

Wer die Fantasie in einen Käfig sperrt, erlebt im Kopf keine tollen Abenteuer. Wunsch- und Tagträume sind wichtig, da sie helfen, zum einen das Unterbewusstsein zu reinigen und zum anderen die Hoffnungen lebendig zu halten. Die Wege zu neuen Lebenszielen gleichen einem Labyrinth, sie sind niemals gerade, sondern weisen viele Kurven und Steigungen, versteckte Stolpersteine und Gabelungen auf. Das macht das Leben so bunt und spannend, vorausgesetzt, man sieht nicht ausschließlich nur die Belastungen und Anstrengungen. Und: Freiräume schafft man sich einfach!

»Mein Leben hat doch einen Sinn gehabt!«

Jedes Leben, und sei es auch noch so kurz, hat einen Sinn und eine Bedeutung. In Stunden auswegloser Verzweiflung und der Angst stellen sich sterbende Menschen immer wieder die Sinnfrage. Der Sinn im Leben kann nicht von außen verordnet werden, sondern muss von sich selbst, aus dem Inneren eines Menschen kommen.

Unser Leben macht Sinn und es hat eine Bedeutung – selbst dann, wenn wir uns noch so klein und bedeutungslos fühlen. Auf der Suche nach dem Sinn im eigenen Leben müssen wir bereit sein, uns von alten Klischees zu verabschieden und uns neuen Herausforderungen zu stellen, Tag für Tag, Stunde für Stunde.

LIEBEN

»Ich hätte ihr viel öfter sagen müssen,
wie sehr ich sie liebe!«

Liebe und Zuneigung zu zeigen fällt vielen Menschen schwer, ebenso wie geheime Wünsche und Gedanken auszusprechen. Und manchmal kann es dafür zu spät sein. Die Sehnsucht nach Liebe und Nähe, nach Geborgenheit und Berührung begleitet jeden Menschen sein Leben lang, von der Geburt bis zum Tod. In ihren letzten Lebensstunden sehnen sich manche Sterbende nach Nähe, andere wiederum gehen auf Distanz. Viele unverheilte Verletzungen und Wunden brechen dann mit großer Intensität auf, unerwiderte Liebe und Beziehungskrisen kommen wieder hoch und führen zu Belastung und seelischem Schmerz.

Wir Zurückbleibenden sind umgeben von Menschen, die wir lieben. Sagen wir es ihnen – heute noch!

Freundschaften und Beziehungen sind zarte Pflänzchen und können nur existieren, wenn sie gehegt und gepflegt werden. Manchmal muss man über den berühmten eigenen Schatten springen, einen Anruf wagen, eine Einladung aussprechen, ein Rendezvous arrangieren, um mit jenen Menschen wieder in Kontakt zu kommen oder in Kontakt zu bleiben, die uns wichtig und die für uns wertvoll sind.

Manchmal genügt eine liebevolle Geste wie einem Kind über den Kopf zu streichen oder seine Hand zu berühren, um Zuwendung zu zeigen.

LIEBEN HEISST ABER AUCH, LOSLASSEN ZU KÖNNEN.
»Warum bin ich nicht schon früher
von ihm weggegangen?«

Die Bilanz am Ende eines Lebens kann bitter ausfallen, weil die Liebe längst verflogen ist oder vielleicht gar nie vorhanden war, alles nur vernunftbestimmt war und unter Zwang erfolgte. Angehörige werden auf eine harte Probe gestellt, wenn Sterbende plötzlich sehr klar und direkt das aussprechen, was sie ein ganzes Leben lang gedacht, aber nie gesagt haben, und sie sich plötzlich aus den Fesseln einer Ehe oder Beziehung befreien.

»Ich hätte sie um Verzeihung bitten müssen!«

Schuldgefühle sind bedrückend und nagen an unserem Innersten. Das, was kränkt, macht krank. Unausgesprochene Vorwürfe, erlittene Kränkungen, Hassgefühle und Abneigung kennen wir alle. Viele dieser negativen Gedanken und Gefühle schleppen wir unser ganzes Leben mit uns herum, weil wir uns nicht davon befreien konnten oder weil es einfach zu spät ist, einen Neuanfang zu machen, Schuld hinter sich zu lassen oder einfach nur jemanden um Verzeihung zu bitten.

UMGEKEHRT GILT DASSELBE
FÜR DAS DANKEN.

- Danke, dass heute die Sonne scheint und ich lebe!
- Danke für die Zeit mit dir!
- Danke, dass du immer ein offenes Ohr für mich hast!
- Danke für deine Hilfe!

- Danke, dass ich mich gesund und unternehmungslustig fühle!
- Danke, dass du da bist, ganz ohne große Worte!
- Danke, dass du Verständnis für meine Ideen zeigst!
- Danke für den schönen Sonnenuntergang!
- Danke für den Schlaf und die Träume!

Wofür und wem möchten Sie heute danken? Wichtig ist dabei, den Dank laut auszusprechen und nicht nur leise in Gedanken zu formulieren.

LACHEN
»So herzlich und unbeschwert habe ich früher
nie lachen können!«

Wer bis ans Ende seiner Tage nur auf Sparflamme lebt, wird wenig bis gar nichts zu lachen haben. Dabei ist herzhaftes Lachen eine wunderbare Möglichkeit, Stress abzubauen und sich zu entspannen. Wir sollten es den Kindern nachmachen und öfter ganz spontan und situationsbezogen Lachen. Wem das nicht gelingt, der sollte wenigstens lächeln.

Wer glaubt, dass sterbende Menschen angesichts des bevorstehenden Todes nichts zu lachen hätten, irrt. Wenn sie von komischen Situationen oder Ereignissen ihres Lebens erzählen, dann oft in großer Heiterkeit und bei gelöster Stimmung. So mutiert ein vermeintlicher Fauxpas zu einer Anekdote, über die man herzhaft lacht, die nur noch Fröhlichkeit auslöst.

Deshalb sollten wir öfter über uns selbst lachen und nicht alles so ernst nehmen!

Wer sein Tun und Handeln hin und wieder von der humorvollen Seite aus betrachtet, der läuft auch nicht Gefahr, in übertriebenen Ehrgeiz zu verfallen und überzogene Anforderungen an sich selbst zu richten.

Mehr Geduld mit sich selbst zu haben und die Gelassenheit, Dinge so zu nehmen, wie sie kommen, zumal wir vieles ohnehin nicht (ver) ändern können, auch das kann man von den Sterbenden lernen. Wenn wir bereit sind zu erkennen, dass Sterbende noch etwas erledigen oder rückblickend etwas anders machen würden, wenn sie genügend Zeit beziehungsweise die Möglichkeit dazu hätten, lernen wir viel für unser eigenes Leben. Das gilt für Menschen in Krisen oder in ausweglosen Situationen ebenso wie für jene, die auf der Suche nach einem Sinn im Leben sind oder sich neu orientieren wollen.

In diesem Buch geht es um sieben facettenreiche Lebensgeschichten und intensive Begegnungen mit Menschen, die schon lange nicht mehr leben. Alle haben in den Gesprächen mit ihnen, mit ihren Gedanken, unerfüllten Wünschen und Hoffnungen, Träumen und Ideen einen nachhaltigen Eindruck hinterlassen. Dies mit ihnen teilen zu dürfen, ist ein großartiges Geschenk, einzigartig und kostbar, das man sich für kein Geld der Welt kaufen kann. Dafür bin ich ihnen unendlich dankbar.

Diese Begegnungen liegen nun schon viele Jahre zurück. Es sind in sich geschlossene Erfahrungen, es gibt nichts, was mich belastet oder bedrückt. Rückblickend, in der sehr persönlichen Erinnerung, verschiebt sich die Wahrnehmung, Emotionen und Gefühle wirken heute anders als damals. Es war ein Reife- und Gärungsprozess, der auch in meinem Leben zu Wandel und Veränderung geführt hat. Ich bin heute beruflich viel selbstständiger und habe mir neue Arbeitsbereiche erschlossen. Ich kann sehr gut Nein sagen und achte mehr auf die Grenzen persönlicher Belastbarkeit. In der Zwischenzeit habe ich mich von einigen Weggefährten getrennt, von denen ich mich ausgenutzt oder hintergangen fühlte, dafür aber genauso viele neue Freundinnen und Freunde gefunden. Ich versuche, Dinge in Ruhe und Gelassenheit in Angriff zu nehmen, wobei ich immer sehr klar und direkt anspreche, wenn mir was am Herzen liegt. Ja, ich bin kompromissloser seither, lasse mir nicht alles gefallen und schon gar nicht diktieren. Der resignative Satz »Das ist halt so, das kann man nicht ändern« ist ganz aus meinem Denken verschwunden.

Seit ich die 50 überschritten habe, ist der Lebensrhythmus ruhiger und langsamer geworden, die Zeiteinteilung ist eine andere. Ich versuche, im Einklang mit den Jahreszeiten und der Natur zu leben. Ich liebe meinen Garten, genieße jeden Augenblick der Entspannung und kann mich wie ein Kind freuen, wenn ich die ersten Triebe der Schachbrettblume entdecke oder das Rotkehlchen bei den notwendigen Laubarbeiten immer in meiner Nähe bleibt. Ich versuche, mit offenen Augen durch die Welt zu gehen und möglichst viele Kleinigkeiten wahrzunehmen. Mit meinem Mann nehme ich mir immer öfter eine kurze Auszeit, wir reisen ans Meer, das ich so sehr liebe. Unsere Beziehung ist tiefer und inniger geworden, wir verstehen uns heute ohne Worte. Die Kinder haben sich abgenabelt und sind längst aus dem Haus. Ich bin stolz und glücklich, wenn ich an sie denke und die eine in Berlin und die andere in London besuche.

Ich versuche, meinen Körper wie meinen Geist in Bewegung zu halten. So oft wie möglich stehen Theater- und Opernbesuche auf dem Programm; ich beschäftige mich gern mit etwas ganz Neuem und Unbekanntem. Die Angst vor Krankheit, Schmerz und Leid ist fast gänzlich aus meinem Leben verschwunden, dadurch fühle ich mich freier. Ich bin geduldiger und verständnisvoller geworden, auch meiner an Alzheimer erkrankten Mutter gegenüber. Kleinigkeiten nerven nicht mehr so wie früher, vieles erscheint mir heute in einem ganz »anderen Licht«.

Und ich weiß vor allem: Es ist noch nicht zu spät!

Wir leben noch und wir haben die Chance, in unserem Leben rechtzeitig etwas zu verändern, uns auf das Wesentliche zu konzentrieren und unnötigen Ballast abzuwerfen. Dann sind Kati, Melanie, Stefan, Ingeborg, Friedrich, Anna und Alois nicht umsonst gestorben, sondern leben in und mit uns weiter, weil wir aus ihren Erfahrungen und dem, was für sie nicht mehr möglich war, lernen, unser eigenes Leben lebendig, lustvoll und vielleicht auch neu zu gestalten.

Dieses Buch ist allen lebensmutigen, lebensfrohen Frauen und Männern gewidmet, die bereit sind, aus dem Vermächtnis der Sterbenden für sich selbst zu lernen.

ANLEITUNG ZUM LESEN

Es gibt kein Patentrezept!

Dies gilt ganz besonders für dieses Buch. Die Sprache schwer kranker und sterbender Menschen ist voll rätselhafter Symbole und es bedarf einer Portion Geduld und der Fähigkeit, manchmal auch zwischen den Zeilen lesen zu können, um daraus Impulse für das eigene Leben zu ziehen. Leise, unaufgeregt und zart werden Hinweise gegeben, die uns mitten im Leben helfen sollen zu erkennen, was wirklich zählt und wie wir den eigenen Lebensweg entsprechend neu gestalten können.

Beim Lesen kann bei manchen Passagen der Eindruck entstehen, dass man das eine oder andere »Bild« schon kennt oder es einem in ähnlicher Form im Text über einen anderen sterbenden Menschen bereits begegnet ist. Diese Wiederholungen sind beabsichtigt und weisen auf die Wichtigkeit von Aussagen oder Erlebnissen hin. Durch Redundanz prägt sich Wertvolles besser ein.

Dabei spielt die Zeit eine große Rolle. Wer an der Schwelle zum Tod steht, hat keine oder nur begrenzt Zeit zur Verfügung. Vieles aus der Vergangenheit, das nach Loslassen und Auflösen drängt, kann nicht mehr bearbeitet werden. In den halb durchwachten Nächten zwischen Abendrot und Morgengrauen, wenn tiefe Trauer und Depression sich wie ein schweres schwarzes Tuch ausbreiten, wird Bilanz gezogen. Die beiden Waagschalen des Lebens Freude und Leid, aber auch Erfüllung und Sehnsucht sind selten im Gleichgewicht und entfernen sich bedrohlich voneinander. Diese Stunden in Angst und Panik machen deutlich, dass die Zeit wie Sand zwischen den Fingern zerrinnt.

Nehmen Sie sich Zeit!
Die Lebensgeschichten in diesem Buch sind es wert, in Ruhe und mit Muße, ganz ohne Stress gelesen zu werden. Dann erst berühren sie und regen sie an. Nehmen Sie sich genügend Zeit dafür und lassen Sie die Bilder und beschriebenen Begegnungen auf sich wirken. Lebenszeit ist kostbar. Umso wichtiger ist es, die uns noch verbleibende Zeit zu nutzen und zu genießen, jede Minute und jeden Tag bewusst zu leben, denn niemand von uns kann sagen, wann seine letzte Stunde geschlagen hat. Vielleicht ist es morgen schon zu spät für vieles, das wir immer wieder auf später verschieben.

Bevor Sie sich auf dieses Buch einlassen, fragen Sie sich bitte selbst, wie Sie mit Ihrer Zeit umgehen und wofür Sie sich tatsächlich Zeit nehmen.

- Den Großteil meines Tages verbringe ich mit ...
- Was möchte ich gerne machen, wenn ich mehr Zeit hätte?
- Was alles habe ich in meinem Leben bereits versäumt?
- Wem oder was möchte ich mehr Zeit schenken?
- Was würde ich unbedingt noch erledigen wollen, wenn es »fünf vor zwölf« wäre?

VOM SCHNELLEN LEBEN UND DER KUNST DES VERWEILENS

Das Grazer Volkskundemuseum widmete dem Thema Zeit und unserer schnelllebigen Welt eine interessante Ausstellung. Es wurde darauf hingewiesen, dass wir uns eigentlich auf den technischen Errungenschaften ausruhen könnten, weil wir durch sie mehr Zeit hätten für Kunst und Kultur, die Pflege von Freundschaften sowie zur Entspannung.

Stattdessen geschähe das genaue Gegenteil: Obwohl wir seit Erfindung der Uhr wissen, dass der Tag nicht mehr als 24 Stunden hat, werden wir insgesamt immer schneller, da wir noch rascher arbeiten, kommunizieren, reisen, organisieren, konsumieren und produzieren können. Wir wollen ein perfektes Familienleben, möglichst viel Zeit mit unseren Lieben verbringen und gleichzeitig auch erfolgreich im Beruf sein. Wir hecheln den Urlaubsfreuden hinterher, träumen von Entspannung und Müßiggang, gleichzeitig ist es uns aber wichtig, täglich total informiert zu sein, dazu noch möglichst fit und schön. Ein dicht gefüllter Terminkalender ist für viele ein Statussymbol. Sie glauben, er verleihe eine Aura der Bedeutsamkeit und definiere den modernen Menschen. Sie halten was auf die, die unentwegt kommunizieren, keine Zeit zu haben. Die Möglichkeiten der Selbstbeschleunigung eröffnen immer mehr Zugänge zu einer globalisierten Welt mit Milliarden von Reizen und Angeboten. Je schneller wir uns vorwärtsbewegen und je mehr wir von der Welt mitbekommen, umso weniger nehmen wir tatsächlich von ihr wahr. Diese Botschaft war zentrales Thema der Ausstellung. Zitiert wurde dabei auch der Münchner Hirnforscher und Professor für Medizinische Psychologie, Ernst Pöppel, der herausgefunden hat, dass die Kapazität des menschlichen Kurzzeitgedächtnisses auf gerade einmal drei Sekunden begrenzt ist. Nur so kurz kann es Eindrücke speichern, bis die Informationen entweder weiterverarbeitet werden oder entschwinden.

Eine Medizin gegen Zeitnot

Das Tempo des Lebens nimmt stetig zu und immer mehr Menschen klagen über Zeitnot, Stress und Überforderung. Das Schlimme daran: Das weitere Zunehmen der Geschwindigkeit können wir nicht aufhalten. Doch es gibt auch eine gute Nachricht: Es gibt Mittel, die den eigenen Takt unterstützen, um sich im Strom der Zeit zu bewegen, und Inseln, die sich dem Sog der Zeit widersetzen. In Schubladen fanden die Besucher der Ausstellung im Grazer Volkskundemuseum Rezepte, auf denen hilfreiche Mittel genannt waren mit dem Hinweis, dass manche Rezepturen vielleicht bitter schmecken, andere schwer zu schlucken sind und wieder andere aber aromatisch und belebend wirken. Die Besucher wurden aufgefordert, sich jeweils die Rezepte auszusuchen, die zum eigenen Leben passen. Aus jeder Schublade sollten sie ein Exemplar herausnehmen, sich eine persönliche Rezeptsammlung zusammenstellen und als Erinnerung mit nach Hause nehmen.

Hier einige Rezepte der leider schon zu Ende gegangenen Ausstellung aus der »Zeit-Apotheke« des Grazer Volkskundemuseums:

- *Sitzen bleiben*
Bummeln Sie gerne zur Entspannung ein wenig durch die Stadt? Gehen Sie doch nächstes Mal in einen Park und setzen sich dort auf eine Bank oder auf die Wiese – so lange, bis Ihnen langweilig wird. Mit jeder Minute, die Sie dann noch länger sitzen bleiben, erhöhen Sie den Entspannungseffekt. Sollte Unruhe in Ihnen aufkeimen, wenn Sie sich beim langen Nichtstun ertappen – keine Sorge, das vergeht wieder.

- *Mantik*
Üben Sie sich in der Kunst, in die Zukunft zu schauen. Was passiert wirklich, wenn Sie den Bus verpassen, wenn Sie einen Parkplatz nicht bekommen, Ihr Kind oder Ihr Partner sich nicht beeilt? Oft haben wir es eilig, ohne es wirklich eilig zu haben. Sparen Sie Ihre Schnelligkeit für die wenigen wichtigen Gelegenheiten, wo es wirklich darauf ankommt, geschwind zu sein.

- *Diät*
Der ehemalige deutsche Bundeskanzler Helmut Schmidt plädierte einst für einen fernsehfreien Tag pro Woche. Gute Idee! Das kann jeder leicht für sich selbst beschließen. Fangen Sie einfach nächsten Donnerstag damit an.

- *Nervenmittel*
Schenken Sie in einer Warteschlange der hinter Ihnen stehenden Person Ihren Platz. Einfach so. Schon haben Sie Souveränität über Ihre Zeit gewonnen. Das stärkt die Nerven.

- *Multitasking*
Vorsicht! Auch die talentierteste Hausfrau, Mutter, Ehefrau, Köchin und Geschäftsfrau in einer Person hat nur einen Arbeitsspeicher im Gehirn, der gleichzeitig Aufgaben nach Prioritäten erledigt. Alles, was nicht zur Hauptaufgabe gehört, wird zur Nebensächlichkeit – also ungenau erledigt und leicht vergessen. Immer schön der Reihe nach, alles zu seiner Zeit erledigen. Das schont die Nerven und zeitigt bessere Ergebnisse!

- *Im Notfall*
Seien Sie ehrlich: Was sind die drei wichtigsten Dinge in Ihrem Leben? Ordnen Sie diese zu einer Reihenfolge, zum Beispiel 1. Lebenspartner,

2. Kinder, 3. Beruf. Egal, was das ist – alles andere ist nicht so wichtig. Erinnern Sie sich an diese Liste in Situationen, in denen verschiedenste Anforderungen zugleich auf Sie einstürmen, und schon wissen Sie, wem Sie sich in erster Linie widmen sollten oder wer Ihnen eine Vernachlässigung am ehesten verzeiht, da Sie ohnehin so viel Zeit für das Wichtigste in Ihrem Leben verwenden!

Für diese Rezepte brauchen Sie weder einen Arzt noch einen Apotheker. Gute Besserung!

Es gibt Menschen, die laufen ihr ganzes Leben mit der Stoppuhr in der Hand umher, zählen die Sekunden und hasten irgendwelchen Zielen hinterher. Die Verlängerung der Lebenszeit oder das Gefühl, ein erfülltes und sinnvolles Leben bis zuletzt geführt zu haben, kann man sich um kein Geld dieser Welt erkaufen. Diese Erfahrung musste auch Herr Friedrich machen, ein erst 54 Jahre alter Unternehmer, in dessen Lebensplanung schwere Erkrankung und Tod keinen Platz hatten. Trotzdem musste er sich über Nacht damit auseinandersetzen und hätte sich von ganzem Herzen mehr Zeit gewünscht, um alles nachzuholen, was er seit Jahren versäumt hatte.

VOM SCHEIN ZUM SEIN

WO IST DAS GLÜCK GEBLIEBEN?

VORBETRACHTUNG

Schicksalsschläge ereilen uns immer unvorbereitet und treffen uns tief. Gerade dann, wenn wir uns davor besonders sicher fühlen, wenn wir viele Pläne haben und unaufschiebbare Angelegenheiten in Angriff nehmen wollen, können sie uns wie ein Blitz aus heiterem Himmel treffen und wir müssen Unausweichliches durchleben. Hadern und Jammern helfen dann auch nicht weiter, von einem Tag auf den anderen kann sich ein ganzes Leben verändern. Damit ändern sich auch die Wertigkeiten. Umdenken ist vielen Menschen in ihren letzten Tagen nicht so ohne Weiteres möglich und rasche, nachhaltige Veränderungen lassen sich oft schon aus organisatorischen Gründen nicht herbeiführen.

Schwere Zäsuren im Leben führen immer auch zu einer radikalen Auseinandersetzung mit der eigenen Lebensgeschichte, den ungenutzten Möglichkeiten und den vertanen oder nicht in Betracht gezogenen Chancen. Dann fallen die Masken und die Sterbenden werfen einen realistischen und ungeschminkten Blick auf sich und ihre Biografie. Die Rollen, die sie im Leben nach außen hin noch ausgefüllt haben, politische oder berufliche Ämter und Funktionen, haben für sie angesichts des nahenden Todes keinen Wert mehr. Alles Unechte und Nichtauthentische bröselt langsam von ihnen ab und es schält sich oft ein ganz neuer, anderer Menschen heraus, der, zwischen Hoffnung und Depression schwankend, einen unendlich großen Veränderungswunsch verspürt, den er aber nicht mehr realisieren kann, weil ihm die Zeit stundenweise davonläuft.

Dieses Zurückgeworfensein auf Existenzielles und auf sich selbst mit all den großen und kleinen Schwächen macht unglücklich und lässt einen verzweifeln, manchmal ist man dann auch aggressiv und zornig. Das ist nur verständlich, denn plötzlich ist der selbst errichtete Prachtbau nur noch ein einsturzgefährdetes, altersschwaches Haus ohne Aussicht auf Renovierung. Tödliche Erkrankungen und ausweglose Situationen zerstören die mühsam aufrechterhaltene Fassade eines Lebens. Zurück bleibt ein Menschenkind, das genauso nackt und einsam, wie es auf die Welt gekommen ist, aus diesem Leben scheiden muss, hinübergehen in ein unbekanntes Land, aus dem noch niemand zurückgekehrt ist, was vielen Angst bereitet.

Trotzdem kann diese Situation auch eine ungeahnte Stärke verleihen und eine Chance sein, vor allem für uns Zurückbleibende, weil wir daraus Lehren für das eigene Leben ziehen können. Der Sterbende selbst erkennt oft, was ihm noch wirklich wichtig ist, Kleinigkeiten können dann ganz große, unverhoffte Glücksmomente bereiten. Zu Veränderung und Neubewertung ist es nie zu spät. Wenn sie schon nicht tatsächlich herbeigeführt werden können, dann gibt es immer noch die Möglichkeit, davon zu träumen!

»Ich will nicht mehr leben!«
Eines Nachts holte mich das Klingeln des Telefons aus dem Tiefschlaf. Zitternd, völlig desorientiert und hoffnungslos verschlafen erreichte ich den Apparat. Am anderen Ende der Leitung war ein junger Mann und es dauerte einige Zeit, bis ich begriffen hatte, dass es sich um Andreas handelte, einen alten Schulkollegen, der sich zu der Zeit in Hongkong befand, wo er in einer Bank arbeitete. Auf einem Klassentreffen

während eines Heimatbesuchs, an dem ich nicht teilgenommen hatte, hatte er erfahren, dass ich in der Hospiz-Bewegung tätig bin. So schien es für ihn die einfachste Sache der Welt zu sein, mich anzurufen, da sein Vater einen Herzinfarkt erlitten hatte und auf der Intensivstation lag. Im schlaftrunkenen Zustand konnte ich mich nicht dagegen verwehren, Erkundigungen über den Gesundheitszustand seines Vaters einzuholen und ihm einen Besuch abzustatten, und Andreas war schon immer ein Schmeichler gewesen, der Mitschüler wie Lehrer rasch auf seine Seite zu ziehen vermochte. Ich ärgerte mich über mich selbst, dennoch machte ich mich am nächsten Morgen auf den Weg ins Krankenhaus. Dummerweise hatte ich nicht nach seiner Telefonnummer gefragt, doch wir waren so verblieben, dass er sich in den nächsten Tagen bei mir melden wollte, allerdings zu einer »christlicheren Zeit«.

Der Vater von Andreas, Herr Friedrich, war erst 54 Jahre alt. Ein Mann, der das Familienunternehmen mit viel Sachkompetenz und unendlichem Fleiß aus- und aufgebau hatte, nachdem er es übernommen hatte. Darüber hinaus gehörte er der Wirtschaftskammer an und war ein anerkannter Experte in seinem Bereich sowie ein angesehenes Mitglied der Gemeinde, weil er sich auch politisch engagierte. Ich kannte ihn vom Sehen, weil wir dieselben Veranstaltungen besucht hatten. Von meinem Gefühl her war er ein rationaler Mensch ohne große Emotionen, dem Geld und materielle Sicherheit sehr wichtig waren. Das war aber nur mein »Außenblick« auf einen Mann, den ein besonders schwerer Schicksalsschlag ereilt hatte.

Herr Friedrich hatte am Schreibtisch gesessen und sich geärgert, dass im Zeitungsinserat, das er zum Firmenjubiläum in allen Tageszeitungen hatte schalten lassen, ein Druckfehler war. Während er mit der einen Hand erzürnt zur Kaffeetasse und mit der anderen zur Gegensprechanlage griff, um seine Sekretärin zum Rapport zu zitieren, verspürte er einen entsetzlichen Schmerz im Brustkorb und konnte seine linke Hand nicht mehr bewegen. Die Kaffeetasse fiel runter und der

Inhalt ergoss sich über den Schreibtisch. Herr Friedrich bekam keine Luft mehr, war geradezu bewegungsunfähig, da der Schmerz ihn überwältigt hatte. Eine panische Angst stellte sich ein und er hatte das Gefühl, dass der Schweiß aus all seinen Poren nur so strömte. Es dauerte für ihn eine gefühlte Ewigkeit, bis er von seiner Sekretärin in diesem Zustand, wie gelähmt und schon fast ohne Bewusstsein, gefunden wurde. Nachdem sie mehrmals vergeblich versucht hatte, einen Telefonanruf durchzustellen, hatte sie nach ihrem Chef geschaut und sofort den Notarzt verständigt. Herr Friedrich wurde umgehend operiert, wobei ihm mehrere Bypässe gelegt und Stents gesetzt wurden, was viele Stunden in Anspruch nahm.

Im Unternehmen herrschte hellste Aufregung. Herr Friedrich hatte stets von morgens bis abends gearbeitet. Im Büro war er immer der Erste und meist auch der Letzte gewesen, der ging. Selbst die Wochenenden hatte er mehr im Betrieb als zu Hause verbracht, ein richtiger Workaholic, der alle Entscheidungen im Alleingang getroffen und niemanden in die Unternehmensführung einbezogen hatte. Von seinen beiden Söhnen hielt er nicht allzu viel. Während Andreas nach seinem Welthandelsstudium als Banker in Hongkong weilte, befand sich sein älterer Bruder Ralf, ein Meeresbiologe, auf einer Expedition in der Antarktis. Die Ehefrau wiederum war eine bekannte Charity-Lady, die sich aus der Arbeit im Betrieb heraushielt. Ein »Vorzeigeunternehmer« mit einer »Vorzeigefamilie«, in dessen Lebensplan für die Vorstellung, dass er vielleicht einmal nicht mehr in der Lage sein könnte, den Betrieb zu führen, kein Platz gewesen war. Das Thema Tod hatte er sowieso ganz aus seinen Gedanken verbannt. Die Eltern von Herrn Friedrich waren bei einem Verkehrsunfall ums Leben gekommen, als er erst 17 Jahre alt war. Damals hatte er begonnen, sich durchs Leben zu boxen, für Sentimentalitäten oder Gefühle schien fortan kein Platz mehr gewesen zu sein. Er hatte immer eine fixe Vorstellung von den Dingen gehabt und nicht akzeptieren können, dass etwas auch einmal »anders« laufen konnte oder eben »nicht der Norm« entsprach. Bevor es zu unserer ersten Begegnung kam, musste ich einige Hürden überwinden. Da Herr Friedrich auf der Intensivstation lag und ich keine nahe Verwandte war, wurde ich zunächst nicht vorgelassen. Ich hatte volles Verständnis dafür und musste mir eine andere Möglichkeit überlegen, mein Versprechen, konkrete Erkundigungen über den Ernst der Lage einzuholen und herauszufinden, wie schlecht es tatsächlich um den Vater stand, gegenüber Andreas einzulösen. Ich erinnerte mich, dass ich den ärztlichen Leiter der Intensivstation von Vorträgen her bereits kannte, und bat ihn als Geschäftsführerin der Hospiz-Bewegung um ein persönliches Gespräch. (Es war das erste und einzige Mal, dass ich meine Position ins Spiel brachte, um einen schwer kranken Patienten besuchen zu können.) Der Chefarzt war ein großer, sympathischer Mann mit einem sehr klaren Blick. Ich schilderte ihm die Umstände und wie ich auf Herrn Friedrich aufmerksam geworden war. Er war sofort bereit, ein langes Gespräch mit mir zu führen. Ich glaube sogar, dass er recht froh darüber war, überhaupt mit jemandem die problematische Situation reflektieren zu können. Er wusste von den Auslandsaufenthalten der Kinder und die Ehefrau von Herrn Friedrich sei für ihn nicht erreichbar gewesen. Der Sekretärin im Betrieb hingegen habe er keine Auskunft geben dürfen. Das Telegramm mit Genesungswünschen vom Bürgermeister ausgenommen, hätte sich bislang niemand ernsthaft für ihn interessiert, geschweige denn sich gekümmert. Die tiefe Sorgenfalte auf der Stirn des Arztes signalisierte mir, dass sein Zustand lebensbedrohlich war. Und so war es auch.

Der Herzinfarkt war nämlich nicht das Problem, da es gut gelungen sei, durch Bypässe eine bessere Versorgung zu ermöglichen und durch Stents die stark verengten Koronargefäße wieder zu dehnen. Die Operation wäre auch ganz ohne Schwierigkeiten verlaufen, aber da sei eben noch die gravierende »andere Sache«, die typisch sei für

Männer zwischen 50 und 60 – vor allem die, die rauchen, sich wenig bewegen, gerne einen Whisky über den Durst trinken, zu viele und zu fette Arbeitsessen haben. Das seien viele Risikofaktoren, wie der Arzt referierte, der auf mich auch nicht gerade wie ein Asket, sondern eher wie ein Genussmensch wirkte. Herr Friedrich litt an einem stark entwickelten Pankreaskarzinom, das bereits Tochtergeschwülste in der Leber und in der Lunge gebildet hatte. Bauchspeicheldrüsenkrebs ist in einem so fortgeschrittenen Stadium unheilbar. Eine weitere Operation käme nicht infrage und man wäre nicht einmal sicher, ob man überhaupt eine Chemotherapie durchführen könne, um die Beschwerden zu lindern und die noch zu erwartende Lebenszeit zu verlängern. Diese Diagnose war wirklich schlimm und die Prognose stimmte alles andere als optimistisch. Mir war bewusst, dass Herr Friedrich nur noch wenige Wochen leben würde. Ich bat den Arzt, mich in den nächsten Tagen doch zum Patienten zu lassen, damit ich mit ihm sprechen könnte, wenn dieser es wolle. Der Arzt rief nach der Stationsschwester, und so lernte ich Karla kennen, eine gestandene Frau von Ende 50, die mit viel Ruhe, Gelassenheit und Erfahrung die Intensivstation leitete. Wir waren einander auf den ersten Blick sympathisch und aus unserer ersten Begegnung entwickelte sich eine langjährige Freundschaft. Bis zu ihrer Pensionierung kam sie alle 14 Tage zu mir nach Hause, um sich über die Schwere ihrer Arbeit auszutauschen. Sie war danach immer erleichtert und fühlte sich entlastet. Umgekehrt bekam ich einen guten Einblick in die emotionsgeladene und stressige Arbeit auf einer Intensivstation.

Zwei Tage später durfte ich Herrn Friedrich besuchen. Das Krankenhaus hatte entschieden, dass er auf der Intensivstation verbleibt, wo ihm eine möglichst optimale Schmerztherapie verabreicht wurde. Eine Intensivstation mit ihrer kahlen Nüchternheit und den vielen tickenden Apparaten, Schläuchen, Monitoren und dem harten Neonlicht ist nun wirklich nicht der Ort, an dem man sich gerne aufhält und wo man versucht, mit einem Menschen ins Gespräch zu kommen. Außerdem musste ich jedes Mal einen blauen Kittel überziehen und die Hände gut desinfizieren, um die Infektionsgefahr zu minimieren. In den ersten Tagen musste ich sogar einen Mundschutz tragen, zudem hieß es, sich genau an die Besuchszeiten zu halten, da pflegerische Maßnahmen dort sehr lange dauern und zu bestimmten Zeiten durchgeführt werden. Ich habe seitdem keine Berührungsängste mehr vor der Intensivmedizin. Und nach dieser Begleitung weiß ich so deutlich wie nie zuvor, dass ich niemals mit Maschinen und Apparaten am Leben »erhalten« werden möchte. Daher habe ich schon früh eine entsprechende Patientenverfügung erlassen. Auf einer Intensivstation befinden sich Menschen, die oft von einer Minute auf die andere nicht mehr ihr ursprüngliches Leben führen können, weil sie durch einen Unfall, eine Unachtsamkeit, eine schwere Erkrankung, eine misslungene Operation oder einen anderen Schicksalsschlag aus ihrem Dasein gerissen wurden. Wohin die Reise geht, ist ungewiss. Die Heilungschancen sind in den meisten Fällen gleich null. Letzte Option: Wachkoma und alles andere als schöne Aussichten. Hier stellt sich für mich persönlich immer wieder die Frage nach der Würde des Menschen und wie viel Leid und Schmerz er aushalten können muss, bis es vorbei ist. Herrn Friedrichs Lebensabschnitt auf der Intensivstation dauerte 29 Tage und eine Nacht, dann war er tot. Um bestimmte Dinge anzusprechen, war noch viel Zeit, um große Veränderungen herbeizuführen, war die Zeit zu knapp. Die Stunden, in denen er relativ klar und wach war, wurden gegen Ende seines Lebens immer weniger. Der Patient selber jedoch immer unglücklicher, weil er sich ganz und gar nicht mit diesem so raschen Sterben abfinden konnte. Er kämpfte mit der ihm verbliebenen Kraft dagegen an, er war streckenweise teilnahmslos und abweisend und letztlich doch zu schwach, um aus diesem Wettstreit mit dem Tod als Sieger hervorzugehen. Wie Don Quijote im Kampf gegen Windmühlen, die viel stärker und größer sind als er. Herr Friedrich war am Ende ein armer, kranker, wenn auch mutiger Ritter von trauriger Gestalt.

Tag 3:

»Guten Tag, Herr Friedrich. Ich bin eine Schulfreundin Ihres Sohnes Andreas. Ich möchte sehr gerne kurz mit Ihnen sprechen.«

Er wandte mir langsam und wie in Zeitlupe das Gesicht zu. Es war ein langer, prüfender Blick.

»Können Sie auch Bilanzen lesen und gut stenografieren? Haben Sie auch die Handelsakademie absolviert?«

Ich musste lachen. »Ja und nein«, war meine Antwort.

Herr Friedrich musterte mich kritisch.

»Ich könnte Bilanzen lesen und wäre im Stenografieren auch sehr gut, aber ich habe mich nach der Matura nicht für eine kaufmännische Laufbahn entschieden, sondern habe mich ausnahmslos auf den Familien- und Sozialbereich beschränkt.«

Fast resignativ, ein angedeutetes Achselzucken bei meinem Gesprächspartner. Herr Friedrich war derart verkabelt und hing regelrecht an Schläuchen, sodass er keine Bewegungsfreiheit hatte. Nur den Kopf konnte er von links nach rechts drehen.

»Sagen Sie meinem Sohn, dass er nicht kommen muss!«

»Das kann ich nicht, denn er ist bereits unterwegs nach Hause.«

»Ein Zuhause, was ist das schon?!«

In diesem Satz schwang ganz viel Bitterkeit mit. Ich nahm den »Ball« an und blieb beim Schlüsselwort »Zuhause«.

»Brauchen Sie etwas von zu Hause, Herr Friedrich?«

»Nein, danke vielmals.« Seine Stimme klang belegt, fast heiser. Es war, als müsste er etwas abwehren.

»Sie waren wohl nicht oft zu Hause? Wahrscheinlich war der Betrieb Ihr wirkliches Heim?«

Er nickte nur schwach, aber ich wusste es als Zustimmung zu deuten.

»Möchten Sie jemanden aus dem Unternehmen sehen oder kann ich dort für Sie etwas erledigen?«

Ein fiebriges Aufleuchten war in seinen Augen zu sehen.

»Ja, schicken Sie mir Trudchen und sagen Sie ihr, dass sie was zum Schreiben mitbringt!«

»Und wo finde ich Trudchen?« Ich war mir nämlich nicht sicher, ob ich den Namen richtig verstanden hatte. Mit dieser Frage löste ich bei ihm ein krächzendes Lachen aus, dem gleich ein Hustenanfall mit Schmerzen folgte. Als er sich wieder erholt hatte, kam die Erklärung: »Trude ist meine Sekretärin, aber nicht so, wie Sie glauben ...! Sie ist schon viele, viele Jahre im Betrieb und hat den Überblick über die Geschäfte. Sie soll möglichst bald kommen, ich habe ja nicht mehr so viel Zeit, sagen Sie ihr das!«

Ich nickte zuversichtlich und mir fiel auf, wie sehr ein schwer kranker Mensch es spürt, wie ihm die Zeit wie Sand zwischen den Fingern zerrinnt.

Herr Friedrich war erschöpft und so saß ich noch einige Minuten in Stille bei ihm. Ich wollte nicht gleich nach Erhalt des Auftrags davoneilen, denn es wäre mir wie ein Davonlaufen vorgekommen. Ich wollte ihm und mir noch etwas Zeit geben.

»Ich will nicht mehr leben! Alles soll schnell zu Ende gehen, wenn ich schon sterben muss!«

In Herrn Friedrichs Stimme lag ein flehender, fast selbstbemitleidender Ton.

Ich legte meine Hand vorsichtig und sanft auf seinen linken Oberarm. Er hatte den Kopf von mir abgewandt und war wohl ganz in Gedanken versunken. Vielleicht dachte er darüber nach, was er in seinem Unternehmen alles unbearbeitet und unerledigt zurückgelassen hatte. Rings um uns herum das Piepsen der Monitore und das Surren der Schläuche, wenn die Flüssigkeiten aus den Infusionsflaschen in die Körper der Patienten gelangen.

»Herr Friedrich, ich kann Ihnen helfen, Ihre Sekretärin herzuholen. Ich kann Ihnen zuhören, wenn Sie mit mir über eine Sache sprechen möchten. Ich werde Ihre Wünsche respektieren und versuchen, sie nach Möglichkeit zu erfüllen, aber beim Sterben kann ich Ihnen nicht helfen.«

»Sie schickt der Himmel! Aber meine Söhne und meine Frau will ich hier nicht sehen, niemals!«

»Ja«, sagte ich abschließend. Ich wusste, dass es noch nicht der richtige Zeitpunkt war für ein Abschiednehmen von der Familie, weil in dieser unversöhnlichen Familie vieles noch offen, unausgesprochen und nicht abgeschlossen war. Gleichzeitig spürte ich die Anspannung auch in mir, da ich instinktiv ahnte, dass nicht mehr sehr viel Zeit zur Verfügung stehen würde, um so existenzielle Fragen auch nur annähernd zu klären und eine Lösung zu finden.

Trudchen war eigentlich das Geschenk des Himmels: eine ältere, rundliche, reizende, charmante, höfliche Frau, die in den nächsten Wochen mit unendlicher Geduld, Fröhlichkeit und Ausdauer zweimal am Tag ihren Chef besuchen sollte. Sie wurde dabei häufig mit völlig unsinnigen und unnötigen Arbeitsaufträgen bedacht, trotzdem führte sie sie so gut wie möglich mit größter Gewissenhaftigkeit aus. An den Vormittagen las sie Herrn Friedrich aus den Tageszeitungen vor, am Nachmittag ließ sie sich Briefe diktieren, die sie ihm am nächsten Tag zur Unterschrift vorlegte, die aber nie abgeschickt wurden. Selbst in jenen Phasen, in denen die Sinne von Herrn Friedrich schwer gedämpft waren und er wirres Zeug faselte, tat sie ihren Dienst und machte aus jedem noch so unzusammenhängenden Wortgeflecht einen korrekten Brief, wie sie es mehr als 30 Jahre zuvor getan hatte. Sie wurde in seinen letzten Tagen zur wichtigsten Bezugsperson und zur Brücke zu seinem geliebten Unternehmen, das er niemals im Stich gelassen hätte. Leider war es zu spät, um sinnvolle Schritte für die Zukunft vorzubereiten. Da konnten auch der Notar der Familie und der Jurist, der ihn in Firmenbelangen beriet, keine Wunder bewirken.

»Wo ist das Glück geblieben?«

Tag 9:

Wir waren uns in der Zwischenzeit nähergekommen. Herr Friedrich war mir unendlich dankbar, dass ich es so rasch und unbürokratisch geschafft hatte, seine Sekretärin zu ihm zu bringen. Sein Sohn Andreas hatte ihn auch schon einige Male besucht und wollte so lange zu Hause bleiben, bis sein Vater gestorben war. Das schnelle Dahinscheiden hatte ihn und die Mutter erschreckt, in ihrer Hilflosigkeit wussten sie nicht ein noch aus. Ich versuchte ganz bewusst, mich von ihnen fernzuhalten, vor allem von meinem ehemaligen Schulkollegen, um meine Kraft und Energie für Herrn Friedrich zu bewahren. Er stand für mich im Mittelpunkt meiner Bemühungen und nicht seine Angehörigen. Der andere Sohn kam übrigens erst nach dem Begräbnis von seiner Expedition zurück. Irgendwie passte das alles zusammen, denn das familiäre Netz von Herrn Friedrich war, wahrscheinlich ungewollt, in einem völlig desolaten Zustand und konnte auch während der Zeit seines Sterbens nicht geflickt werden.

Fragen von Patienten wie »Sind Sie glücklich mit Ihrem Mann?« mag ich gar nicht.

»Ja, das bin ich. Wir sind mittlerweile schon sehr lange zusammen und wir haben zwei sehr begabte Töchter, die beide das Gymnasium besuchen«, antwortete ich Herrn Friedrich. Ich wusste, dass er kein echtes Interesse an meiner familiären und persönlichen Situation hatte, sondern über seine Lage sprechen wollte.

»Ich habe mein ganzes Leben lang auf ein kleines Glück gewartet, aber es hat sich nie eingestellt. Ich bin chronisch unglücklich geblieben, all die Tage. Jetzt ist es schon zu spät, oder?«

»Ich weiß nicht, was Sie meinen, wofür es schon zu spät ist. Woran denken Sie dabei? Was möchten Sie ändern und was brauchen Sie zum Glücklichsein?«

»Ich bin zu lange bei meiner Frau geblieben. In den letzten Tagen habe ich ganz oft wieder von Isabella geträumt, meinem kleinen Augenstern aus Kindertagen. Sie habe ich mit meinem ersten Taschengeld in die Konditorei zum Eisschlecken eingeladen – so eine Verschwendung, aber es war wunderschön. Damals hätte ich ihr die Welt zu Füßen legen wollen, so groß war meine Liebe zu ihr. Später haben wir uns heimlich im Wald getroffen oder in meinem Zimmer. Nach dem Unfalltod meiner Eltern war sie mir eine ganz wichtige Stütze, denn es war, als wäre die Welt aus den Fugen geraten. Sie wohnte damals ganz offiziell in unserem Haus und die Jahre mit ihr waren die schönste Zeit meines Lebens.«

»Und was ist aus dieser großen Liebe geworden?«, fragte ich Herrn Friedrich, der wie im Fiebertraum zum ersten Mal einen glücklichen Zug um seine ansonsten hängenden Mundwinkel hatte.

»Irgendwann trennten sich unsere Wege, als ich zum Studium in die Stadt zog und sie aus Trotz einen Lehrer heiratete, von dem sie aber schon lange geschieden ist. Wir haben uns zwar vor einigen Jahren einmal zufällig gesehen, aber dann ganz aus den Augen verloren. Wozu auch Kontakt mit ihr haben? Es hätte ja nur unnötige Schmerzen verursacht!«

»Möchten Sie Isabella noch einmal sehen?«

»Nein, auf keinen Fall. Es tut mir gut, wenn ich mit Ihnen ganz ehrlich und offen darüber sprechen kann, das macht mich sogar ein wenig glücklich, glaube ich!«

Tag 13:

Der Zustand von Herrn Friedrich hatte sich nach meinem ersten Besuch auf der Intensivstation verschlechtert. Es waren wirklich nur noch wenige Augenblicke, in denen er wach war und sich bewusst äußern konnte. Die Schmerzmittel mussten hoch dosiert verabreicht werden, damit es für ihn erträglich war. Das bewirkte aber auch, dass seine Wahrnehmung sich veränderte und die Grenze zwischen Wirklichkeit und Illusion verschwamm, die Übergänge fließend waren. Trotzdem gab es immer wieder sehr helle Augenblicke, in denen seine Direktheit und sein klarer Sachverstand zum Ausdruck kamen. Er hatte ja nun nichts mehr zu verlieren.

»Wo fahren Sie mit Ihrer Familie auf Urlaub diesen Sommer?«

»Wir planen eine Reise mit dem Auto nach Frankreich und werden von der Normandie die Küste entlang bis in den Süden fahren. Wir haben kein fixes Quartier ausgemacht und bleiben einfach dort ein paar Tage länger, wo es uns gefällt. Wo waren Sie auf Urlaub?«

»Urlaub, so etwas kenne ich nicht. Ich dachte immer, das sei vergeudete Zeit. Wenn bei uns im Betrieb das Urlaubsgeld anfiel, habe ich mich immer sehr geärgert, welche Summe da zur Auszahlung kam. Ich war leider nie auf Urlaub!«

»Bedauern Sie das heute?«

»Na ja, ich weiß nicht. Doch, ich hätte auch schon längst eine Auszeit gebraucht. Ich war nicht wirklich fit in den letzten Jahren. Mein Cholesterinspiegel war zu hoch, den Stress habe ich mit Alkohol kompensiert, und so war ich sehr oft ziemlich nervös und aufbrausend. Fragen Sie Trudchen, die Arme kann Ihnen ein Lied davon singen, sie hat dann immer alles abbekommen, obwohl sie gar nichts dafür konnte.«

»Wo wären Sie gerne hingefahren, wenn Sie Urlaub gemacht hätten?«

»Also keinesfalls ans Meer, dort ist es mir zu heiß. Vielleicht wäre ich in die Berge gefahren, nach Südtirol. Dort hätte ich mir einen Bergführer genommen und eine tolle Tour gemacht. Ja, das wäre schön gewesen: den Sonnenuntergang von einem Gipfel aus erleben und hinunter ins Tal blicken, wo die Welt samt ihrer Probleme ganz klein und nichtig ist. Ja, das wäre sogar wunderschön gewesen und hätte mich vielleicht auch glücklich gemacht!«

Tag 17:

Ich saß bei Herrn Friedrich, dem es gar nicht gut ging. Ich hatte *Der kleine Prinz* von Antoine de Saint-Exupéry mitgebracht, aus dem ich ihm schon in den vorangegangenen Tagen vorgelesen hatte. Ein wunderbarer Text voll Symbolik und Deutungsmöglichkeiten. Ich war gerade bei der Begegnung des kleinen Prinzen mit dem Fuchs angekommen – jene Stelle, wo der Prinz »Freunde sucht« und der Fuchs vom Zähmen, also dem Einander-Vertraut-Machen spricht – und machte eine Pause, als Herr Friedrich sich nach Kräften bemühte, ein wenig laut, zumindest bemerkbar zu werden.

»Ich habe keinen einzigen Freund in meinem Leben gehabt, nur Geschäftsfreunde, welche in der Politik. Ich habe zwar notwendige Freundschaften gepflegt, Leute eingeladen, die mir wichtig waren, und habe auf Geld und materielle Sicherheit geschaut. Doch einen richtigen Freund, dem ich alles hätte anvertrauen können, den habe ich nie gehabt.«

»Können Sie mich als Freundin annehmen? Wir haben einander gezähmt und uns vertraut gemacht.«

»Bekommen Sie für die Zeit, die Sie mit mir hier vergeuden, eigentlich etwas bezahlt?«

»Nein, Herr Friedrich, ich mache das ehrenamtlich, so, wie sich gute Freunde auch in schlechten oder schwierigen Zeiten helfen. Dazu braucht es kein Geld!«

Bei meinem nächsten Besuch hatte jemand einen gelben Zettel an die Bettstange geklebt, worauf zu lesen war, dass ich mich im Schwesternzimmer melden sollte. Dort überraschte mich Schwester Karla mit einem überdimensional großen Blumenstrauß, den Trudchen im Auftrag von Herrn Friedrich für mich gekauft und abgegeben hatte. Da ich eine große Blumenliebhaberin bin, war es für mich das schönste Dankeschön, das ich für mein Dabeibleiben und Zuhören erhalten konnte.

Tag 21:

Es ging unaufhaltsam dem Ende zu. Herr Friedrich lag wie gelähmt im Bett und sprach kaum noch. Er erzählte mir, dass er ständig davon träume, barfuß über feuchten Waldboden zu laufen, er wolle das kühle Gras zwischen den Zehen, die Sonne im Gesicht und den Wind in den Haaren spüren. Langsam, mit langen Pausen nach jedem Satz und ganz deutlich las ich ihm den Text einer selbst verfassten Meditation vor, eine Frühlingsreise in einem Heißluftballon. Ich habe diese Geschichte für mein Buch *In Würde altern* geschrieben und war neugierig, wie sie auf Herrn Friedrich wirken würde.

»Stellen Sie sich einen herrlichen Frühlingstag vor. Die Sonne lacht vom blauen Himmel und erwärmt alles. Sie strahlt und lacht die Wiesen und Felder an, die Berge und Täler.

Während die ersten Sträucher schon blühen und Bienen anlocken, liegt der plätschernde kleine Bach noch immer unter einer dünnen Schneedecke. Aber langsam löst sich auch das Eis aus seiner Starre und schmilzt dahin. Sogar die alten Mauern der Stadt können sich erstmals ein wenig erwärmen und nehmen die angenehme Wärme gerne in sich auf.

Es liegt ein ganz besonderer Duft in der Luft. Der Wind fährt Ihnen über das Gesicht und zerzaust Ihre Haare. Ein paar alte Blätter wirbelt er auch durch die Luft. Bald schon wird alles in zartem Grün leuchten.

Sie schauen zum Himmel hinauf und sehen vor sich einen großen, roten Heißluftballon. Noch ist er so weit entfernt, dass Sie nicht erkennen können, wie viele Personen in dem Korb sind. Sie wünschen sich aber ganz intensiv, dass der Ballon näherkommt.

Langsam, ganz langsam kommt er näher. Sie sehen eine dickliche, rote Stichflamme, die ein zischendes Geräusch verursacht, damit der Ballon durch die entstehende Hitze weiterfährt. Nun können Sie erkennen, dass ein junges Paar im Heißluftballon isr. Es winkt Ihnen zu und wirft lachend eine lange Strickleiter nach unten.

Schwankend und langsam klettern Sie nach oben. Sie freuen sich sehr, endlich einmal mit einem solchen Ballon durch die Luft zu reisen, über das Land hinwegschauen zu können.

Die Flamme erwärmt die Luft in dem Ballon und lässt ihn weiter nach oben steigen. Ihnen wird ganz warm ums Herz.

Sie sind begeistert, denn unten wird alles kleiner und kleiner.

Dort in der Ferne schlängelt sich ein schmales, dunkles Band: Manchmal glitzert der Fluss, manchmal verschwindet er ganz im Dunkelbraun der Landschaft.

Auch die Stadt, über die Sie nun gleiten, ist winzig. Rote Dächer schmiegen sich aneinander und Sie sehen viele Kamine. Die ansonsten so breiten Straßen voller Autos lassen sich nur erahnen, sehen können Sie so hoch oben nichts mehr genau.

Ein großer Schwarm weißer Gänse fliegt kreischend ganz nah am Ballon vorbei. Er kommt aus dem Süden, wo es im Winter wärmer ist. Nun wollen die Gänse hier bleiben. Sie begrüßen Sie mit ihrem lauten Geschrei.

Sie spüren wieder den Wind und die warmen Strahlen der Sonne. Sie sind glücklich und fühlen sich frei.

Nach einiger Zeit möchten Sie wieder auf den Boden zurück.

Langsam gleitet der Ballon zur Erde. Er landet zwischen den Häusern auf einem ruhigen Platz.

Sie verabschieden sich von dem jungen Paar und winken ihm zu, während der Ballon schon wieder steigt. Gleich sind sie am Himmel zwischen den Dächern verschwunden.

Sie aber sind gut gelandet und befinden sich hier unter einer wohlig warmen Decke im Krankenzimmer und ruhen sich von Ihrer Reise aus.«

Herr Friedrich war eingeschlafen und sein tiefes Ein- und Ausatmen signalisierte mir, dass er entspannt in seinem Bett lag.

Herr Friedrich lebte noch eine Woche. Er starb morgens nach einer sehr turbulenten Nacht, kurz bevor seine Sekretärin kam. Schwester Karla beschrieb mir telefonisch mit einem einzigen Satz die gesamte

Situation: »Herr Friedrich ist von seinem Leiden erlöst worden, er ist heute am Morgen verstorben.«

Fazit

Die großen Veränderungen im Leben brauchen genügend Zeit und setzen ausreichend Kraft voraus. Sie lassen sich nicht in den letzten Stunden auf dem Sterbebett bewerkstelligen. Für Herrn Friedrich war es für so vieles zu spät.

Wenn diese Lebensgeschichte etwas lehrt, dann das unter den nachstehenden zwölf Punkten Aufgeführte, was nicht ewig aufgeschoben werden darf, sondern rasch und aktiv angegangen werden müsste:

1. Die Übergabe des Betriebs hätte längst geregelt und für den Fall des Falles ein kompetenter Nachfolger/eine kompetente Nachfolgerin aufgebaut und bestellt werden müssen, ausgestattet mit den notwendigen Befugnissen.
2. Herr Friedrich hätte sich aus der ungeliebten ehelichen Beziehung befreien müssen. Es hätte wehgetan und ihn vermutlich auch Geld gekostet, aber nur durch konsequentes Handeln schafft man den Freiraum für einen Neuanfang. Im Übrigen hält die zweite Ehe oder die spätere Lebensgemeinschaft wesentlich länger und wird als glücklicher erlebt als die erste.
3. Die Intensivstation und das Sterbebett lehren uns, dass wir auch sehr gut ohne Handy, Laptop oder Internet leben können.
4. Wenn der Tod bei uns anklopft, brauchen wir keine Heerscharen von Facebook-Freunden, sondern »echte« Menschen, die bei uns bleiben und die Sinnlosigkeit mit uns aushalten.
5. Statt Quantität mehr Qualität in Beziehungen! Beziehungsarbeit muss täglich aufs Neue geleistet werden, dann können Spannungen ausgehalten und Missverständnisse ausgeräumt werden.

6. Sich regelmäßig die notwendige Auszeit nehmen und sich immer wieder »Tankstellen« zum Aufladen der eigenen Lebensbatterie suchen.

7. Nicht auf das große Glück warten – wer weiß, ob es überhaupt dazu kommt. Die kleinen Glücksmomente genießen, sich an Nebensächlichkeiten erfreuen und immer wieder neue Wege gehen, damit man den Glückssituationen auch begegnen kann.

8. Wer zu viel oder mehr als genug Geld und Ressourcen zur Verfügung hat, sollte diese mit anderen teilen. Das schafft nicht nur Freude und Freunde, sondern auch das glückliche Gefühl, etwas Gutes getan zu haben.

9. Es ist nicht alles Gold, was glänzt. Diese Weisheit hat Shakespeare seinem Kaufmann von Venedig in den Mund gelegt und tatsächlich ist nicht alles wertvoll, was auf den ersten Blick so aussieht oder was uns Gesellschaft und Lifestyle aufoktroyieren. Finden wir doch selbst heraus, welche Werte für uns und unser Leben kostbar sind.

10. Auf die Grenzen der eigenen Belastbarkeit achten, den Körper in Schwung halten und bei allem ein vernünftiges Mittelmaß finden: zwischen Genuss und Diät, zwischen Bewegung beziehungsweise Sport und Nichtstun.

11. Bei wichtigen Entscheidungen mutig sein und mehr auf sein »Bauchgefühl« hören. Wie sagte doch schon der kleine Prinz so treffend: »Man sieht nur mit dem Herzen gut, das Wesentliche ist für die Augen unsichtbar.«[2]

12. Es sind nicht immer nur die anderen schuld! Spätestens wenn es ans Sterben geht, kann man andere nicht mehr für das eigene Scheitern verantwortlich machen, denn man wird auf sich selbst zurückgeworfen und muss mit sich allein und seinem Leben abrechnen.

---

2 Antoine de Saint-Exupéry. *Der kleine Prinz*. Karl Rauch Verlag, 1999, Seite 96.

Nachbetrachtung

Herrn Friedrichs Sterben war neben den physischen Schmerzen vor allem durch große seelische Seelenpein geprägt, weil es tatsächlich für alles zu spät war und weil er selbst, noch mitten im Leben stehend, keinerlei Vorkehrungen getroffen hatte. So wurde die Firma nach seinem Tod von den gesetzlichen Erben auch so rasch wie möglich verkauft. Aus einem ursprünglich gesunden kleinen Familienunternehmen mit großer Innovationskraft war über Nacht ein Spekulationsobjekt geworden. Die Firma wechselte mehrere Male den Besitzer, viele Mitarbeiter wurden entlassen oder schieden freiwillig aus, sodass am Ende Insolvenz angemeldet und der Betrieb geschlossen werden musste. Die Firmengebäude wurden erst Jahre später in sozialen Wohnraum umgewandelt. Was aus der Familie geworden und wie sie mit dem Tod von Herrn Friedrich umgegangen ist, entzieht sich meiner Kenntnis. Ich weiß nur, dass Andreas sein Erbe in Aktien angelegt und über Jahre große Gewinne gemacht hat. Er und seine Familie bewohnten ein schlossähnliches Gebäude mit großem Grund- und Waldbesitz am Stadtrand. Mit der Wirtschaftskrise und dem Absturz der Aktien weltweit hat auch er den Großteil seines Vermögens verloren. Eine gemeinsame Schulkollegin von damals erzählte mir kürzlich, dass sich Andreas das große Haus nicht mehr leisten könnte und daher das gesamte Anwesen zum Verkauf stünde. Sie meinte dazu nur kryptisch: »Wie gewonnen, so zerronnen!«

Abschiedlich leben lernen!

Abschiedlich zu leben heißt, dass man die wesentlichen Dinge seines Daseins geordnet zurücklässt, auch wenn einem mitten im Leben etwas zustößt. Seit der Erfahrung mit Herrn Friedrich frage ich in meinen Seminaren immer nach, wer bereits ein Testament verfasst hat, und ernte dafür fragende, sehr seltsame Blicke und manchmal auch Kopfschütteln. Zaghaft melden sich nur ganz wenige Teilnehmer, auf die das zutrifft. Meist gibt es dafür einen bestimmten Grund: Entweder waren sie selbst schon erkrankt oder sie haben einen Unfall überlebt oder im engsten Familienkreis eine Situation durchgemacht wie ich mit Herrn Friedrich.

In einer letzten Verfügung geht es nicht ausschließlich darum, wem man welche Wertgegenstände und Vermögen hinterlässt. Es geht vielmehr darum, selbst festzulegen, wie und wo man beerdigt werden möchte und welche Wünsche man bezüglich einer Verabschiedung hat. Gibt es Werte, die man schützen und gut weitergeben möchte, dann ist es umso wichtiger, mit einem Rechtsanwalt oder einem Notar darüber zu sprechen. Vielleicht hätte es im Unternehmen von Herrn Friedrich einen Mitarbeiter gegeben, der an seiner Stelle wie ein Kapitän im Sinne der Familie das Boot in ruhigere Gewässer und einen sicheren Hafen geführt hätte. Solch elementare Entscheidungen können aber nicht am Sterbebett herbeigeführt werden, sondern müssen bereits zu Lebzeiten getroffen und deren Umsetzung in die Wege geleitet werden. Solange ein Mensch noch über seine geistigen Fähigkeiten verfügt und nicht eingeschränkt ist, kann er die für ihn richtige Entscheidung treffen und diese so oft wie nötig überprüfen und eventuell ändern.

Abschiedlich zu leben heißt, jeden Tag so zu (er)leben, als sei er der letzte im Leben. Leichten Schritts aus dem Leben scheiden kann man aber nur, wenn alle persönlichen und beruflichen Angelegenheiten geordnet sind. Dann werden wir Spuren in den Herzen der Menschen, die wir liebten und die uns liebten, hinterlassen.

Wunschkonzert der Geschenkideen

Ingeborg, meine Nachbarin, war eigentlich viel zu jung, um schon zu sterben. Sie hätte doch so gerne noch so viel erlebt und erledigt in ihrem Leben. Schwer kranke Menschen werden irgendwann sehr bescheiden und sind schon dankbar für jede schöne und schmerzfreie Stunde, die ihnen bleibt. Dennoch blicken sie auch mit Groll und Bitterkeit auf viele Wünsche zurück, die nun nicht mehr erfüllt werden können. Es sind die Versehrtheit und manchmal auch die eingeschränkte Beweglichkeit, die das verhindern, einfach nicht möglich machen. All das verstärkt ihr Gefühl von Einsamkeit und Verlassenheit und macht sie zeitweise so unglücklich und traurig.

Welche großen und kleinen Geschenke würden uns Freude bereiten?

Was wollten wir schon immer einmal sehen oder erkunden, aber bislang war keine Zeit dafür?

Hier eine Liste an Geschenkideen – gedacht als Geschenk für sich selbst oder für eine schöne Zeit zu zweit. Möglich ist auch ein Teilen mit anderen Menschen, die uns wichtig sind und die wir gerne haben:

- *Die nächste Theaterpremiere nicht versäumen.*
- *Einen Ausflug zu einem netten Berggasthof unternehmen.*
- *Eine sonntägliche Flussschifffahrt planen.*
- *Ein Fußballmatch besuchen.*
- *In einem Blumengeschäft oder einem Gartenbaubetrieb die vielen bunten Blumen und Pflanzen bestaunen und sich daran erfreuen.*

- *Voll Freude das erste Skiwochenende des Winters genießen.*
- *An einem verregneten Herbstsonntag brunchen.*
- *Nach Jahren wieder einmal das Eislaufen probieren.*
- *Eine interessante Ausstellung im städtischen Museum besuchen.*
- *Sich still auf eine Bank in der Kirche setzen und über das Leben nachdenken, vielleicht auch ein Gebet sprechen.*
- *Die Kolleginnen und Kollegen am Arbeitsplatz mit einem selbst gebackenen Kuchen überraschen.*
- *Ein romantisches Abendessen beim Italiener ums Eck.*
- *Der Nachbarin ein paar Blumen schenken, einfach so.*
- *Ein anregendes Gespräch in einem Kaffeehaus führen.*
- *Durch den Tiergarten schlendern und die Vielfalt der Schöpfung bewundern.*
- *Einen interessanten Vortrag anhören oder an einer politischen Diskussion teilnehmen.*
- *Nach einem Gewitter einen Spaziergang machen und die gereinigte Luft tief einatmen.*
- *Ein Stück Sachertorte mit Schlagobers (ganz ohne schlechtes Gewissen) genießen.*
- *Sich hinsetzen und einen Brief an einen lieben Menschen schreiben.*
- *Einen bunten Schal stricken oder ein kleines Geschenk basteln.*
- *Sich ehrenamtlich engagieren.*
- *In einem Altenheim oder einem Krankenhaus »Zeit verschenken« und Menschen besuchen.*
- *Bunte Ferienprospekte aus dem Reisebüro mit nach Hause nehmen und an den nächsten Urlaub denken.*
- *Die Orte der Kindheit mit all ihren herrlichen Gerüchen noch einmal aufsuchen.*
- *Einen großen alten Baum im Park umarmen.*

- *Das pinkfarbene T-Shirt kaufen, das Sie schon so lange immer wieder in der Auslage bewundert haben.*
- *Dem Briefträger zur Stärkung eine kleine Tafel Schokolade auf den Postkasten legen.*
- *Dem neuen Tag freundlich »Hallo« sagen.*

Dies ist nur eine Auswahl an Dingen und Möglichkeiten, die sich anbieten, um sich eine schöne Zeit zu machen. Manchmal ist es jedoch zu spät, um sich Wünsche wie diese zu erfüllen, weil eine schwere Erkrankung oder ein Unfall uns einen Strich durch die Rechnung gemacht hat. Zu langes Warten rächt sich oft im wahrsten Sinne des Wortes. Also: Beginnen wir heute mit unserem »Wunschkonzert« und arbeiten wir uns möglichst bald durch alle großen und kleinen Freuden des Lebens. Achtsamer Umgang mit sich selbst und seinen Ressourcen kostet kein Geld, sondern erfordert nur ein Umdenken und Neubewerten eingefahrener Verhaltensweisen. Schenken wir uns und anderen also Zeit und nehmen wir uns jene Minuten und Stunden, die wir dafür brauchen. Morgen kann es schon zu spät sein.

HOCHSCHAUBAHN DER GEFÜHLE

DAS SCHICKSAL IN DIE EIGENE HAND NEHMEN!

VORBETRACHTUNG

Krebserkrankungen haben meist eine lange »Vorgeschichte« – angefangen bei ersten, nicht beachteten Symptomen, dem Beginn der Erkrankung, über eine langwierige Behandlung oft mit Operationen bis zum berühmten »Point of no return«, von dem aus es kein Zurück mehr gibt, keine Möglichkeit, sich selbst und das Leben zu verändern. Gefangen in einem Kreislauf der Emotionen durchleben Krebspatienten immer wieder verschiedene Gefühlszustände, die sie belasten, aber gleichzeitig auch erleichtern. Da sind einmal die vielen Ängste, tiefe Traurigkeit und Einsamkeit, Verzweiflung und Schuldgefühle, Wut, Zorn und Hass, Ärger und Aggressionen, dann wieder Dankbarkeit und Freude über jeden guten Tag und jede schmerzfreie Stunde, um später wieder in Depression und Hoffnungslosigkeit zu verfallen.

Besonders quälend für die betroffenen Menschen ist die Frage nach der Ursache ihrer Erkrankung und nach dem Warum. Manchen von ihnen hilft es zumindest eine Zeit lang, jemand anders – sei es der Partner/die Partnerin oder die Mutter/der Vater – dafür verantwortlich zu machen. Sie ändern dann radikal ihr Leben und treffen knallharte Entscheidungen, verbunden damit, dass sie sich von

Lebensbegleiterinnen und Lebensbegleitern trennen oder den Kontakt einfach abbrechen.

Bei allen Krebspatienten habe ich erlebt, dass sie sich, enttäuscht von der Schulmedizin, irgendwann ausschließlich alternativen und homöopathischen Behandlungsweisen zuwandten in der Hoffnung auf Heilung und Genesung. Sie haben tapfer um ihr Leben gekämpft und mit allen Mitteln versucht, den Krebs zu bekämpfen. Das ging sogar so weit, dass sie begannen, ihre Erkrankung zu leugnen. Sie verdrängten so lange wie möglich die Tatsache, dass sie an einem unheilbaren Leiden erkrankt waren. Für alle von ihnen war jedoch irgendwann der Zeitpunkt gekommen, an dem ihnen klar und bewusst wurde, dass sie sterben werden, aus dem Leben scheiden müssen – egal, wen oder was sie zurückließen, wer sie noch brauchte oder was sie an unerledigten Lebensaufgaben vor sich hatten. Besonders schmerzhaft war für sie alle das Zurücklassen geliebter Menschen, vor allem das der eigenen Kinder.

Bevor das Pendel letztlich in Richtung Loslassen und Tod ausschlägt, flackern die Lebensgeister und vor allem die Emotionen noch einmal heftig auf. Wutausbrüche und Beschimpfungen gehören ebenso dazu wie Flüche und Beschuldigungen, eine »Hochschaubahn« der Gefühle. Die Hilflosigkeit angesichts des nahenden Todes und die Abhängigkeit von Apparaten und Medikamenten bewirken nicht nur Tränen und Depression, sondern auch lautstarkes Aufbegehren gegen diese Hilflosigkeit und Abhängigkeit. Am Ende kehren die Betroffenen zurück in den Schoß der Schulmedizin, unterstützt durch alternative Methoden. Dann brodeln ihre Gefühle und Empfindungen zuerst in ihrem Innern, ehe sie wie Lava bei einem Vulkanausbruch nach außen dringen. Diese emotionalen Eruptionen erschüttern das Umfeld der Patienten und machen es Pflegepersonal und Angehörigen nicht gerade leicht, sie zu begleiten, weil es auf die für die Phase der Auflehnung typischen Fragen keine erschöpfenden Antworten gibt: »Warum ich?«

»Meine Wut ist grenzenlos und ich könnte alles kurz und klein schlagen!« – »Warum bestraft mich Gott so?« – »Ich hasse euch alle, ihr geht mir nur noch auf die Nerven!« – »Warum darf ich nicht weiterleben, warum nicht?!« Sie alle machen es dem Umfeld schwer, Ruhe und Zuversicht zu vermitteln, ohne überzogene Hoffnungen aufkommen zu lassen.

Nähe spürbar machen

Sterbende zu begleiten heißt, Nähe spürbar zu machen und sich trotzdem so weit wie möglich vom todkranken Menschen und seiner Geschichte abzugrenzen. Hinhören, Einfühlen und Verstehen schaffen Nähe und lassen Begegnung zu, die den Sterbenden wiederum das Annehmen von Hilfe ermöglichen. Dabei ist es von elementarer Bedeutung, ständig zu überprüfen, dass man alles richtig verstanden hat, denn es besteht die Gefahr, dass wir immer wieder in unsere eigene Vorstellungswelt zurückkehren. Auch die Persönlichkeitsstruktur eines sterbenden Menschen muss akzeptiert werden. Seine Not und Hilflosigkeit gehören ihm und er selbst weiß ganz genau, was ihm guttut und was er braucht. Das Gesetz des Handelns liegt daher immer beim Betroffenen. Ihm muss geholfen werden, damit er es wahrnehmen und ausüben kann. Das Hier und Jetzt am Sterbebett verträgt nicht die Geschäfte von vorher und nachher. Oft braucht es mehr als die Gegenwart eines Menschen in Ruhe und Gelassenheit, es braucht das Schweigen und das Aushalten von Stille und eine Sprache der Gefühle ohne Worte.

Trotz der Schwere der Erkrankung, die zum Tod führt, gibt es aber auch immer wieder Augenblicke aufblitzender Lebensfreude und eines erstarkenden Lebenswillens. Besonders dann, wenn noch wichtige Entscheidungen zu treffen sind. Dazu bedarf es eines möglichst klaren Verstandes bei größtmöglicher Schmerzfreiheit. Wir wissen heute, dass sich hinter Depression, Verwirrtheit und Schlaflosigkeit Schmerzen genauso verstecken können wie hinter Einsamkeit, dem Mangel an Informationen, Unsicherheit über die Zukunft, Angst, Abhängigkeit und Isolation. Für die medizinische Schmerztherapie ist die Ärztin/ der Arzt zuständig, den psychisch-seelischen und sozialen Schmerz zu lindern, obliegt uns, die wir begleiten und dabeibleiben. Besserwisser haben am Sterbebett nichts verloren. Helfen setzt Demut voraus und wer hilft, muss sich auch helfen lassen, manchmal sogar von jenen, die unserer Hilfe bedürfen, denn Sterbende sind Lehrende, die uns viel mitzuteilen haben. Sie müssen alles endgültig loslassen, was ihnen im Leben wichtig war und uns als Zurückbleibenden noch erhalten bleibt: geliebte Menschen, Freunde, Arbeitsfähigkeit, soziale Rollen, Perspektiven, Zukunftsträume, Lebensräume, vertraute Umgebung, Unabhängigkeit, Gewohnheiten, Kontrolle, Körperfunktionen, Geborgenheit, Identität, geliebte Gegenstände, Sinn, Hoffnung, Bedeutung ...

Mutig sein und sich etwas zutrauen

Ingeborg war die Nachbarin von nebenan, eine unauffällige Frau, immer freundlich und hilfsbereit, aber auch eine Spur verschlossen und zurückhaltend. Wir kannten uns vom Sehen seit bestimmt schon 15 Jahren, als sie eines Tages bei mir klingelte. Sie wirkte fahl, müde und erschöpft und irgendwie sehr zerstreut. Sie bat mich um Milch, die sie vergessen hatte einzukaufen. Ich ließ sie herein, füllte ihren Krug mit kalter Milch aus dem Kühlschrank in der Küche und reichte ihn ihr anschließend. Ingeborg stand in unserem Vorzimmer, warf einen prüfend-fragenden Blick in den Spiegel und umfasste meine Hände, sodass ich ihr den Krug nicht geben konnte. Da wusste ich sofort, dass sie mit mir sprechen, einfach bei mir bleiben wollte. Die ganze Wahrheit über ihre schwierige Situation offenbarte sie mir nur langsam.

In diesem ersten Gespräch erfuhr ich, dass sie wenige Stunden zuvor mit der Diagnose Brustkrebs konfrontiert worden war und schon zwei Tage später operiert werden musste, da der Knoten in ihrer linken

Brust ziemlich groß war. Ingeborg war völlig verzweifelt, hatte panische Angst vor der OP und wusste nicht, wie sie mit ihren damals noch kleinen Kindern darüber sprechen sollte. Ich erfuhr auch, dass ihr Mann bereits seit einem halben Jahr von ihr getrennt im Ausland lebte und ihre Eltern gerade eine Kreuzfahrt machten, was sie sich schon so lange gewünscht hatten. Ich bot ihr an, dass ihre Kinder, ein Junge und ein Mädchen, während des Krankenhausaufenthaltes bei uns wohnen könnten, wollte dies aber unbedingt zuvor mit meinem Mann und unseren Töchtern besprechen. Ich wusste, dass sich zumindest die Mädchen von der Schule her kannten. Ingeborg war sehr dankbar und erleichtert nach diesem Augenblick der Aufmerksamkeit und versicherte mir mehrfach, wie gut es ihr getan hätte, offen über ihre Krankheit zu reden. Für die Kinder fand sich eine viel bessere Lösung: Ihre Tante zog bei Ingeborg ein und betreute sie nach der Operation und dem Krankenhausaufenthalt.

Wir beide blieben nach diesem einschneidenden Ereignis über die Jahre hinweg befreundet und verabredeten uns hin und wieder auch zu einem Spaziergang oder zu einem Stadtbummel. Ingeborg war total überzeugt, geheilt zu sein, und fühlte sich auch gesund und vital. Sie konnte wieder als Friseurin arbeiten und verbrachte jede freie Minute mit ihren Kindern. Ich hatte den Eindruck, sie sei glücklich und zufrieden. Allerdings fiel mir auf, dass sie nie über ihre Familie sprach, weder über ihren Mann Peter noch über die Eltern. Sie erzählte nur von ihrer Tante Martha, der jüngsten Schwester ihrer Mutter. Sie war kinderlos geblieben und finanziell gut abgesichert, da ihr in jungen Jahren an einer schweren Krankheit verstorbener Mann eine Autowerkstatt hinterlassen hatte, die sie für gutes Geld verpachtete. Ingeborg war für die Tante wie eine Tochter, die auch die Kinder liebte und sehr verwöhnte.

Ingeborg hatte ihr Leben aufgrund der Erkranung völlig umgestellt. Sie wurde Veganerin, was ihre Kinder nicht verstanden. Kein tierisches Lebensmittel befand sich mehr in ihrem Haushalt, nicht einmal mehr

Honig nahm Ingeborg zu sich. Manchmal kamen die Kinder auf ein Wurstbrot oder ein Wiener Schnitzel zu uns, da sie vom veganen Essen ihrer Mutter die Nase voll hatten. Sie rauchte auch nicht mehr und wurde trotz der strengen Kost rundlicher und nach außen hin ruhiger. Im Nachhinein betrachtet hatte es Anzeichen gegeben, dass sie fortan Angst hatte, der Krebs könnte plötzlich wieder ausbrechen. Immer wenn wir auf unserem Spaziergang an dem kleinen Bildstock vorbeikamen, wo eine schon verwitterte Muttergottesfigur hinter einem verrosteten Gitter steht, blieb Ingeborg stehen, faltete ernst und fromm ihre Hände zum stillen Gebet. Manchmal hatte sie sogar eine rote Friedhofskerze mitgebracht, die sie anzündete, oder sie pflückte unterwegs ein paar Margeriten und Glockenblumen und steckte sie hinter das Gitter zur Madonna. In diesen ruhigen Momenten spürte ich, wie sich zwischen uns beiden eine tiefe Kluft auftat, aber ich konnte dieses Gefühl damals überhaupt nicht deuten und so maß ich ihrem kleinen Ritual auch keinerlei Bedeutung bei. Es war, als wäre sie in diesen Augenblicken der Meditation und Stille nicht mehr mitten im Leben, sondern ganz weit weg von mir.

So vergingen die Jahre und ich dachte nicht mehr an die schwierige Zeit der Krebserkrankung meiner Nachbarin. Sechs Jahre später wurde Ingeborg bei einer Kontrolluntersuchung mit einem Rezidiv konfrontiert. Der Tumor wurde wieder aktiv und begann zu wachsen. Plötzlich und unerwartet fing das Gefühlskarussell wieder an, sich zu drehen, und Ingeborg verfiel in eine tiefe Verzweiflung. Ihre Kinder waren 13 und 15 Jahre alt, sie selber hatte erst kurz zuvor ihren 41. Geburtstag gefeiert. Wieder ging alles sehr schnell: Operation, Chemotherapie und Bestrahlung – das volle Programm im Kampf gegen den Feind in ihrem Körper. Ingeborg schlug sich tatsächlich wie eine Löwin und wollte um jeden Preis so rasch wie möglich wieder gesunden. Ich erinnere mich noch an die Besuche auf der onkologischen Palliativstation des großen städtischen Krankenhauses: Zwei große braune Augen mit geweiteten Pupillen, die sich unruhig hin und her bewegten, schauten mich flehentlich an. Es schien, als würde die Iris im weißlichen Gelb des Auges ertrinken.

Ingeborg war schneeweiß im Gesicht, auf 40 Kilogramm abgemagert, die Haut gelblich und schlaff, ihr wunderschönes kastanienbraunes Haar war ausgefallen und die strahlend weißen Zähne waren bräunlich verfärbt. Ingeborg hatte alle Kraft und Vitalität verloren, sie war müde und wirkte entrückt. Vor allem aber war ihr unentwegt übel und sie musste sich ständig übergeben. Auch mich überkamen bei diesen Besuchen immer Übelkeit und Brechreiz, manchmal kostete es mich wohl auch Überwindung, die Tür zu ihrem Krankenzimmer zu öffnen. War ich aber einmal an ihrem Bett und bei ihr angekommen und spürte ich die Freude und die matte Kraft, die von ihr ausgingen, wusste ich, dass es gut war, diesen Schritt über die Türschwelle getan zu haben.

»Ich will nach Hause! Du musst mir helfen, damit es gelingt!« Mit dieser Aufforderung war ich bei jedem meiner Besuche konfrontiert. Ingeborg lehnte mittlerweile jegliche ärztliche Behandlung ab und hatte fast schon eine Form von Verfolgungswahn. Ja, sie sprach sogar davon, dass sie langsam, aber sicher vergiftet werde. Ingeborg kooperierte nur so lange, bis sie das Krankenhaus verlassen durfte, um sich an einem weit entlegenen Ort einer alternativen Behandlung zu unterziehen. Obwohl ihr die Klinikärzte entschieden davon abgeraten hatten, war die vom heftigen Wiederaufbrechen der Krebskrankheit Enttäuschte voller Hoffnung und Zuversicht, noch einmal dem Tod zu entkommen. Diese drei Wochen verschiedenster Therapien kosteten ein kleines Vermögen, aber Tante Martha sprang hilfreich ein und alle wünschten sich von ganzem Herzen, Ingeborg würde wieder gesund werden oder zumindest noch einige gute Jahre haben, bis die Kinder erwachsen seien.

Die neuerliche tödliche Erkrankung war mit einer so großen Wucht über Ingeborg hereingebrochen, dass sie sich keine Minute lang daran erinnern konnte und wollte, sechs lange Jahre ohne Beschwerden und voller Lebensfreude genossen zu haben. Sie hatte ihren Krebs völlig verdrängt und aus ihrem Denken wie aus ihrem Leben ausgeschlossen – so schien es zumindest für Außenstehende. Sie wollte um jeden Preis gesund bleiben und hatte sich daher nie damit auseinandergesetzt, was wäre, wenn sie wieder erkranken würde. Außerdem war sie sich sicher, alles nur erdenklich Mögliche getan zu haben, um vital zu bleiben und dem Krebs keine Chance mehr zu geben; ja, sogar ihre Ess- und Lebensgewohnheiten hatte sie radikal umgestellt und geändert. Jetzt aber war der Krebs mit tödlicher Konsequenz zurückgekehrt. Ihr ganzer Körper war schon von Metastasen durchsetzt und die Chance, dass sie überlebt, war verschwindend gering – auch wenn die Ärzte ihr immer wieder Hoffnung machten, sie selbst spürte ganz genau, wie es um sie stand und dass ihr nicht mehr sehr viel Zeit blieb. Die alternative Behandlung hatte ebenfalls nicht zum gewünschten Erfolg geführt und Ingeborg musste wieder auf der onkologischen Palliativstation im städtischen Klinikum aufgenommen werden. Ich erinnere mich sehr genau an meinen Besuch bei ihr, nachdem sie mich angerufen und um ein Gespräch gebeten hatte. Sie war völlig verzweifelt und am Ende ihrer Kräfte. »Ich bin zu spät gekommen, ich hätte mich schon viel früher alternativ behandeln lassen müssen!«, sagte sie voll Bitterkeit und unter Tränen. »Ich bin zu spät gekommen! Es ist für alles zu spät.« Diese Aussagen der Krebskranken haben sich auch in mein Gedächtnis eingebrannt. Zum Glück waren Ingeborgs Kinder versorgt, da Tante Martha ohne großes Aufheben wieder bei ihnen eingezogen war und sie in dieser schwierigen Zeit der Trauer und des Abschieds liebevoll betreute.

Ich stellte mir damals oft die Frage, wofür es in meinem Leben schon zu spät sei und was ich angesichts einer tödlichen Erkrankung alles verändern wollen würde.

Ingeborg übte sich tagelang in Selbstanklage, sie allein wäre schuld, dass sie erkrankt sei und zu spät an den richtigen Arzt und die richtige Therapie gekommen sei. Sie war in einem Gefühlskreislauf gefangen und die Emotionen überkamen sie immer wieder mit großer Heftigkeit. Aber was ist angesichts einer solchen Erkrankung schon richtig und welcher der rechte Augenblick wofür? Später war Ingeborg für eine sehr lange Zeit sehr wütend und zornig. Trotz ihres geschwächten Zustands trommelte sie mit den Fäusten auf das ausgezogene Tablett ihres Nachtkästchens. »Warum muss ich sterben, warum gerade jetzt?!« Mit dieser Frage empfing sie mich des Öfteren. »Ich weiß es nicht«, antwortete ich daraufhin ehrlich.

Wenn ich an unsere Gespräche zurückdenke, so kann ich sie jeweils dritteln. Im ersten Teil des Gesprächs erzählte ich und Ingeborg war diejenige, die alles wissen wollte, etwa was ich am Tag oder in der Woche – draußen, im Leben – erlebt hatte. Es war wie Hunger, eine unstillbare Sehnsucht nach Leben in all seinen Facetten und Farben und es interessierte sie die kleinste Kleinigkeit. Als ich im Februar mit einem gebrochenen Handgelenk vom Skifahren zu ihr ins Krankenhaus kam, musste ich ihr all meine Erlebnisse und Begegnungen aus dieser Woche in den Bergen erzählen und vor allem, wie es zu meinem Sturz gekommen war. Ingeborg war richtig enttäuscht, dass es nicht beim Zusammenstoß mit einem anderen Skifahrer passiert war, sondern einfach so, ganz unspektakulär. Eine Eisplatte, über die meine Abfahrt führte, brachte mich zu Fall. Ich fiel auf die rechte Seite und mein Handgelenk hielt dem Druck zwischen Ski, Eis und Körper nicht stand.

Hatte ich Seminare und Vorträge in anderen Ländern besucht, so musste ich ihr von deren Verlauf und den anderen Teilnehmern erzählen. Manchmal interessierte sie sich einfach nur für das, was ich später kochen würde oder welchen Fernsehfilm ich am vergangenen Abend gesehen hatte.

Im zweiten Drittel des Gesprächs erzählte sie meist sehr ausführlich von ihren Erlebnissen im Krankenhaus, sie berichtete von Untersuchungen und Gesprächen mit Ärzten oder Pflegepersonal. Besonders hart ging sie mit der Psychologin ins Gericht, die für ihre Station zuständig war und Ingeborg regelmäßig besuchte. Die beiden Frauen schienen keinen Draht zueinander zu haben. Erst im letzten Teil unserer Unterhaltung kam sie auf wesentliche Dinge zu sprechen, das, was sie belastete oder quälte. Auch familiäre Probleme kamen dabei zur Sprache.

Zu viele Jahre der Bevormundung und Abhängigkeit

Ich erfuhr von Ingeborgs problematischer Beziehung zu ihrer Mutter. Sie hatte sich zeit ihres Lebens von ihr bevormundet gefühlt. Sie und ihr Vater hätten immer getan, was die Mutter von ihnen verlangt hätte, hätten sie sich dagegen gewehrt, hätte die Mutter mit Migräne reagiert oder sich mit Depressionen ins Bett gelegt. Ingeborg war Einzelkind, eine »schwere Geburt«, wie ihre Mutter immer vorwurfsvoll erzählt hätte. Sie konnte sich nicht erinnern, jemals einen Ausflug oder ein Spiel mit ihrer Mutter gemacht zu haben. Zu Hause musste sie leise sein und durfte nie eine Freundin mitbringen. »Wahrscheinlich habe ich deshalb keine Freunde gehabt, weil meine Mutter dagegen war«, meinte Ingeborg oft. Tatsächlich tat sie sich auch als Erwachsene schwer, Freundschaften zu knüpfen, und so war es nicht verwunderlich, dass ich ihre einzige Freundin war. »Du bist meine Klagemauer«, meinte sie einmal lächelnd, nachdem sie mir sehr persönliche Dinge anvertraut hatte. Ich empfand diese Vorstellung als wunderbar und war sogar stolz darauf, der Ort für ihre Klagen zu sein.

Da ihre Mutter es praktisch gefunden hatte, gleich eine Friseurin zur Hand zu haben, wollte sie, dass Ingeborg diesen Beruf erlernt. Sie selbst sei nie glücklich damit gewesen, denn sie hätte viel lieber etwas im sozialen Bereich gemacht, als Krankenschwester oder Therapeutin gearbeitet. Vielleicht wäre aus ihr sogar eine begabte Schauspielerin geworden, denn das Theater übte eine magische Anziehung auf sie aus.

Ingeborg musste schon früh fleißig im Haushalt mithelfen, da sich ihre Mutter aufgrund unbehandelter Depressionen immer länger ins

Schlafzimmer zurückzog und manchmal tagelang nicht aufstand. Nach außen hin mimten sie jedoch die perfekte, glückliche Familie und vertuschten die Erkrankung der Mutter beziehungsweise verdrängten sie vollends. Ihr Vater flüchtete schon früh in abendliche Kartenrunden ins Gasthaus und kam spät und betrunken nach Hause, um den Zustand seiner Frau auszuhalten. Ingeborg hatte diese Möglichkeit zur Flucht nicht und war in einem viel stärkeren Maße den Launen ihrer Mutter ausgeliefert. Im Nachhinein betrachtet konnte sie nicht mehr sagen, wann sie mit ihrer Mutter beziehungsweise mit welchem ihrer Zustände sie besser klarkam: wenn sie sich ins Schlafzimmer zurückzog und auf jedes noch so kleine Geräusch reagierte oder wenn sie »wach« war, zornig und aggressiv, wenn sie auf war und Ingeborg oft grundlos schlug.

Ingeborg sagte auch, dass es eigentlich ihre Mutter gewesen wäre, die Peter, ihren Mann, für sie ausgesucht hatte, denn er war der Sohn ihrer Schulfreundin und wohnte gleich gegenüber. Sie und Peter kannten sich schon aus der Sandkiste, eine große Liebe war daraus nie geworden. Für Ingeborg war die Heirat eine willkommene Fluchtmöglichkeit weg von ihrer Mutter, doch letztlich begab sie sich damit nur in eine neue Abhängigkeit, die ihr nicht guttat. Peter eingerechnet hätte sie drei Kinder zu betreuen gehabt, er hatte es jedoch vorgezogen, sich beruflich möglichst weit vom Wohnort seiner Familie zu engagieren – eine Ausrede, dass er nicht mehr zu Hause wohnte. Ingeborg konnte sich nie auf ihn verlassen, da er schwach und unselbstständig war.

Ingeborgs Mutter erlitt nach der zweiten Krebsdiagnose ihrer Tochter einen totalen Zusammenbruch und musste einige Monate in einer psychiatrischen Klinik bleiben. Relativ gut eingestellt mit Antidepressiva wurde sie entlassen; zwischen ihr und ihrer Tochter konnte sich jedoch keine gute Beziehung mehr entwickeln – zu sehr überschattete Ingeborgs schlimme Kindheit ihr Verhältnis, sodass eine enge emotionale Bindung nicht möglich war.

Wenn sie sehr wütend war und einen Grund für die Ursache ihrer Erkrankung suchte, beschuldigte Ingeborg immer und immer wieder ihre Mutter und ihren Ehemann. Von ihrer Mutter hätte sie sich schon viel früher emanzipieren und im übertragenen Sinne die Nabelschnur endgültig durchtrennen müssen, meinte sie in Stunden des Unmuts. Peter hätte sie überhaupt nie heiraten oder ihn zumindest nach ein paar Jahren verlassen sollen. Sie bedauerte es sehr, nicht selbstständiger gewesen zu sein, ihr Leben in die eigene Hand genommen und bewusster gelebt zu haben. Jetzt klang es bitter aus ihrem Mund, wenn sie sagte: »Ich hätte mutiger sein müssen und mir mehr zutrauen sollen!«

Das ist wohl ihr größtes Vermächtnis an uns Lebende: mutiger zu sein, sich etwas zuzutrauen und das Schicksal in die eigene Hand zu nehmen, um Veränderungen herbeizuführen.

Selbstvertrauen der letzten Stunden

Wenn jemand angesichts des nahenden Todes immer wieder sagt: »Ich würde alles ganz anders machen, wenn ich noch einmal das Rad der Zeit zurückdrehen könnte!«, stellt sich unweigerlich die Frage, warum erst jetzt, wenn alles verloren und zu spät scheint. Für Ingeborg war es jedoch nicht für alles zu spät. Obwohl ihre Kräfte nachließen und sie immer verwirrter wurde, weil die Schmerzmittel sehr hoch dosiert werden mussten, hatte sie auch sehr klare Momente, in denen sie bewusst die ihr verbliebenen Möglichkeiten zu nutzen wusste. Das Erkennen und Wahrnehmen dieser Chancen setzte mit einer ganz besonderen Erzählung ein, die ich Ingeborg zugemutet hatte, weil sie mich schon vor Langem in Bann gezogen hatte und es noch immer tut: Es geht darin um die Beziehung des Schweizer Malers Ferdinand Hodler (1853–1918) und seiner 20 Jahre jüngeren Geliebten Valentine Godé-Darel (1873–1915). Sie waren sieben Jahre, bis zu ihrem Tod ein Paar. Die Begegnung mit Valentine brachte Hodlers Schaffen zum Überschäumen. Sie war musisch veranlagt und hatte vermutlich eine Schauspielschule besucht, bis sie sich zur Porzellanmalerin ausbilden ließ. Ihrem Ruf nach war sie eine charmante, elegante und kultivierte Frau. Ihr erster Mann Darel, den sie in Paris geheiratet hatte, soll Professor an der Sorbonne gewesen sein. Die Ehe blieb kinderlos und wurde 1907 gerichtlich getrennt. Diese bildhübsche, gescheite Französin, 35 Jahre alt, künstlerisch tätig, stand dem 50-jährigen Schweizer Sturkopf Hodler Modell. Er verliebte sich rettungslos in seine Muse, auch wenn es immer wieder zu Streit aufgrund seiner Eifersucht und seiner kleinlichen Knauserigkeit kam. Zärtlich bildete er die geliebte Frau in verschiedenen Posen ab, die ihm Jahre später auch eine Tochter schenkte.

Vermutlich brach ihre Krankheit zu Beginn des Jahres 1912 aus. Hodler bat um die Adresse von Ärzten, da er befürchtete, Valentine sei an Tuberkulose erkrankt. Die Erinnerung an seine Kindheit und Jugend holte ihn damit ein, denn er war erst sieben Jahre alt gewesen, als sein Vater starb. Als 14-Jähriger musste er dann seine auf dem Acker zusammengebrochene tote Mutter mit einer Schubkarre nach Hause bringen. Zwischen seinem sechsten und einunddreißigsten Lebensjahr fielen seine fünf Brüder, seine Schwester und ein Halbbruder der Schwindsucht zum Opfer. Der Tod war also von Kindesbeinen an Hodlers ständiger Begleiter gewesen. Dies kommt in seinem Selbstporträt, das einen aufgewühlten Mann mit weit aufgerissenen Augen zeigt, der mit der Vergänglichkeit des Lebens plötzlich wieder konfrontiert ist, zum Ausdruck. Der Erfolg als Maler stellte sich erst spät ein, bis zu seinem 50. Lebensjahr hatte er nur Armut, Hunger und beißende Kritik erfahren. Gustav Klimt und der Wiener Sezession verdankte er einen bescheidenen Luxus, vor allem aber Anerkennung und die Erlösung aus materieller Not.

Anfang 1914 begann Hodler mit den ersten Porträts, die Valentine als schwer erkrankte Frau zeigen. Noch deuten nur leichte Schatten um ihre Augen und auf ihren Wangen die Krankheit an. Valentine auf dem weißen Kissen blickt stolz und herausfordernd ins Auge des

Betrachters. Die Selbstsicherheit und der verlockende Blick von früheren Bildnissen der dunkelhaarigen Frau mit der markanten Nase, den schönen braunen Augen und den kräftigen Wangenknochen sind gänzlich verschwunden. Stattdessen drückt ihr Blick warme Liebe, Wehmut und Demut aus, sodass ihr Antlitz etwas Vergeistigtes hat. Vorahnung spricht aus ihren Augen: In dieser Zeit muss sie erfahren haben, dass sie krebskrank ist. Dem Tode geweiht und doch noch Liebe ausstrahlend, leidend und doch leidenschaftlich – darin liegt die unvergleichliche Schönheit dieser Bilder und Porträts, die ich so liebe und immer wieder als ein ganz besonderes Beispiel für kreative Kraft durch Trauer in meinen Kursen thematisiere.

Wenn ich Ingeborg auf ihrem weißen Kissen erschöpft zurückgelehnt und mit müdem Blick antraf, dann war es, als würde mich die sterbende Valentine von einem der Bilder Hodlers ansehen, bei denen ich mich eingebunden und als Teil des Werkes fühlte. Bevor seine geliebte, vom Tod bedrohte Lebensgefährtin sich einer letzten Operation unterziehen musste, modellierte der Künstler Schlimmes vorausahnend ihre Büste. Die Krankheit hatte sich danach sehr rasch im Gesicht und am Hals der Frau zersetzend festgekrallt, die einst begehrte Muse war nur noch eine gespenstische Erscheinung, nur noch ein Zerrbild ihrer Schönheit. Valentine musste schreckliche Schmerzen erleiden, weil es damals außer Morphium keine Mittel dagegen gab. Der sensible Künstler war verzweifelt. Trotz ihres schlimmen Zustands kam es wie schon seit ihrer ersten Begegnung immer wieder zu Auseinandersetzungen zwischen den beiden und einer mehrmonatigen Trennung. Wahrscheinlich war auch Ferdinand Hodler am Ende seiner Kräfte und konnte und wollte diesen hoffnungslosen Kampf gegen die Krankheit nicht weiterführen, der Zersetzungsprozess raubte ihm seinen Lebenswillen. Doch bald schon besuchte Hodler sie wieder regelmäßig, auch um sie zu zeichnen. Ein grausamer Schritt vom Leben zum Sterben hin. Die letzten fünf Wochen wich er nicht mehr von ihrem Krankenbett und malte sie bis zum Totenbett. Valentine ist mit 41 Jahren gestorben. Ingeborg auch.

Ich hatte Ingeborg den schmalen Ausstellungskatalog *Ein Maler vor Liebe und Tod* über den Werkzyklus Ferdinand Hodlers und Valentine Godé-Darel von 1908 bis 1915 ans Krankenbett gebracht. Interessiert schauten wir die Bilder an, die zunächst eine »Femme joyeuse«, dann eine sterbende Valentine und schließlich eine auf einem Totenbett aufgebahrte Frau zeigen. Ingeborg bemerkte vor allem die Veränderungen des Gesichts und der Hände der Todgeweihten im Vergleich zu vorher. Sie war begeistert von der Ausdruckskraft der Bilder und vom Mut des Malers, nicht nur das Leben, sondern auch das Sterben in all seiner Hoffnungslosigkeit festzuhalten. Ingeborg selbst war von ihrer schweren Krankheit gezeichnet, doch sie empfand immer wieder Mitleid mit dem Maler, der in 70 Skizzen, farbigen Zeichnungen, Ölbildern und eindrucksvollen Schwarz-Weiß-Bildern das Leiden der geliebten Lebensgefährtin festgehalten hat. Oft musste ich ihr die Schlusspassage aus dem Katalog vorlesen. Es sind Worte Hodlers über den Tod, gerichtet an Hans Mühlestein, einen Schweizer Kulturhistoriker und Autor, der ein enger Freund Hodlers war, drei Wochen nach Valentines erster Operation: »So kommt der Tod auf uns zu, jede Sekunde unseres Lebens ist das eine schöne, ruhige Bewegung und eine Gegenbewegung. Wenn du ihn annimmst in dein Wissen, in deinen Willen: das schafft die großen Werke! Und du hast nur dieses eine Leben, um etwas zu leisten. Das gliedert unser ganzes Leben, es gibt ihm einen vollkommen anderen Rhythmus. Das zu wissen, das verwandelt den Todesgedanken in eine gewaltige Kraft!«[3] Drei Jahre später starb auch Ferdinand Hodler.

---

3 Hans Mühlenstein, Georg Schmidt. *Ferdinand Hodler. Leben und Werk.* 1982 by Unionsverlag, Zürich.

Fazit

Auch Ingeborg entwickelte in den letzten Wochen vor ihrem Tod eine ungebrochene Kraft. Sie verfasste ihre Todesanzeige selbst und bestimmte die Art ihrer Beisetzung: Sie wollte verbrannt werden und die Asche sollte an einem kleinen Bach ausgestreut werden, an dessen Uferböschung sie als Kind gerne gespielt hatte. Nein, sie wollte kein Grab mit entsprechendem Stein, sondern in der Erinnerung der Menschen Spuren hinterlassen. Die Trauerfeier sollte schon ihrer Kinder zuliebe nicht zu traurig ausfallen. In ihrem Testament bedachte sie alle Menschen, die ihr im Laufe ihres Lebens etwas bedeutet hatten, mit Kleinigkeiten. Für sie war es wichtig, dass diese letzten Wünsche festgehalten und auch erfüllt wurden. Ich musste ihr versprechen, darauf zu achten, dass nach ihrem Tod tatsächlich alles in ihrem Sinne erledigt wurde.

Wenige Tage vor ihrem Tod versöhnte sich Ingeborg mit ihrem Leben und auch mit den Menschen, die sie so lange für ihre schwere Erkrankung verantwortlich gemacht hatte. Ihr Ehemann Peter – die beiden hatten sich trotz Trennung nicht scheiden lassen – durfte ebenso von ihr Abschied nehmen wie ihre Mutter. Beiden fiel das Loslassen sehr schwer. Ingeborg selbst war schon weit weg und schien nur noch körperlich anwesend zu sein. Wenn sie so dalag, den Kopf auf dem großen weißen Kissen zur Seite geneigt und mit ihren großen, braunen Augen durch mich hindurchblickend, spürte ich, dass sie sich schon jenseits unserer Zeit und unseres Raumes befand. Ich wünschte ihr von ganzem Herzen, dass sie möglichst schmerzfrei und ohne Angst dieses Leben loslassen könnte. Ich verbrachte sehr stille, schweigsame Stunden bei ihr am Sterbebett. Ich war einfach da, fragte und sprach nicht viel. Ingeborg fiel in einen tiefen Schlaf, ehe sie an einem Sonntagmorgen starb. Sie sei ruhig eingeschlafen, meinte die Krankenschwester, als sie mich telefonisch darüber in Kenntnis setzte.

Ich fuhr noch einmal raus zum Krankenhaus am Stadtrand und ging die lange Allee zum Gebäude der Onkologie hinauf. Die Bäume rechts und links des Weges trugen ein sattgrünes sommerliches Kleid, hin und wieder blitzte ein gelbes Blatt hervor. Ich spürte den Hauch von Vergänglichkeit, da sich trotz des warmen Sommertages sanft und langsam der Herbst ankündigte. Ingeborg war in einem Zimmer aufgebahrt, wo man sich von ihr verabschieden konnte. Das Sonnenlicht fiel durch zwei hohe Fenster in den Raum und ließ ihn fast goldgelb erstrahlen. An der Wand hing ein schlichtes Kreuz, auf einem Tisch standen drei große weiße Kerzen und ein Strauß cremefarbener Rosen. Dort lag auch der Ferdinand-Hodler-Katalog. Auf den beiden aufgeschlagenen Seiten sind Bilder zu sehen, die Valentine mit ausgestreckten Armen in einer schönen Bewegung und einer entsprechenden Gegenbewegung zeigen. Einmal trägt sie ein blau-rotes Kleid vor angedeutetem Hintergrund, einmal ein braunes Kleid vor goldgelb-grüner bergiger Landschaft auf einer Wiese voller Gänseblümchen. Sie ist barfuß und hat die Arme majestätisch ausgebreitet, sie ist von hinten zu sehen, den Kopf mit der markanten Nase zur Seite geneigt. Die beiden Katalogseiten waren abgegriffen, da Ingeborg diese Bilder immer wieder betrachtet hatte. Aufgebahrt schien sie selbst völlig entspannt mit geschlossenen Augen dazuliegen, gehüllt in eine weiße, weiche Kuscheldecke. Ihr Kopf mit den hervorstehenden Wangenknochen und den wenigen dünnen weißen Haarfäden ruhte auf einem herzförmigen Kissen, das ihr ihre Kinder zum Geburtstag geschenkt hatten. In ihre übereinandergelegten Hände hatte das Pflegepersonal ein Foto gelegt, das ich von »ihrem« Bildstock der Muttergottes gemacht hatte und das ich ihr beim Wiederaufkeimen der bösartigen Krankheit in einen zarten Silberrahmen gefasst geschenkt hatte. Es hatte immer auf ihrem Nachtkästchen gestanden und sie in guten wie in schlechten Zeiten begleitet. Ich weiß nicht mehr, wie lange ich bei Ingeborg gesessen bin und in Gedanken mit ihr gesprochen habe, ehe ich bedrückt und nachdenklich in den strahlenden Sonnenschein hinausgeschlüpft bin und mir mit einem Male bewusst wurde, wie schön das Leben ist!

Im Übrigen war es damals strengstens verboten, die Urne mit der Asche eines Verstorbenen mit nach Hause zu nehmen, um sie gegebenenfalls später zu verstreuen. Da jedoch noch kein Friedhof ausgewählt und auch kein Grab gekauft war, wurde dem Ehemann die Urne vom Bestattungsunternehmen mit dem Auftrag übergeben, diese zu einem späteren Zeitpunkt beerdigen zu lassen. Peter widersetzte sich einfach dieser Aufforderung, und so konnte ihr letzter Wunsch auch tatsächlich in Erfüllung gehen.

Wir haben es an einem schönen Nachmittag gemacht und es war ein würdevolles, wunderschönes Fest im Freien. Es roch nach Sommer und frisch gemähtem Gras und die Vögel zwitscherten wie wild um uns herum. Ich beobachtete, wie fröhlich die Kinder am Rand des Baches knieten und noch lange ihre Hände ins kalte Wasser hielten, als wäre die Erinnerung ein Fisch, der immer wieder zu entgleiten versucht und sich nicht festhalten lässt. Sie spritzten sich gegenseitig nass und waren trotz des Ernstes der Situation fröhlich. Vielleicht waren sie auch erleichtert, denn die letzten Wochen vor dem Tod ihrer Mutter hatten in ihrem jungen Leben tiefe Spuren hinterlassen. Da es nach einer längeren Regenperiode für ein Picknick zu kalt war, gab es im nahe gelegenen Gasthof eine gute Jause mit Tee und Kaffee. Wir sprachen über Ingeborg, aber noch viel mehr über uns und unser Leben, das weiterging.

Trotz des gelungenen Abschieds mit seinen Ritualen war es für die Kinder in den nächsten Monaten sehr schwierig, mit den Belastungen durch Ingeborgs Tod und der Einsamkeit, die sich in ihren Herzen breitmachte, zurechtzukommen. Die jüngere Tochter litt stärker unter der Pubertät als ihr älterer Bruder, doch alle beide durchlebten eine sehr turbulente Phase der Trauer. Sie versuchten, sich mit lauter Musik abzulenken, waren für Gespräche oder Berührungen nicht zugänglich und ihre schulischen Leistungen verschlechterten sich. Es war, als wären sie in einer Spirale der Emotionen gefangen, deren Spektrum von himmelhoch jauchzend bis zu Tode betrübt reichte. Sie durchlebten alle Gefühlsregungen, und manchmal fühlten sie sich auch mitschuldig an der schweren Erkrankung ihrer Mutter. Es war der ruhigen und gelassenen Art von Tante Martha zu verdanken, dass die beiden Kinder ein Gefühl der Geborgenheit entwickelten und uneingeschränkte Fürsorge erlebten. Ingeborg hatte mit der Sozialarbeiterin des Krankenhauses und der Jugendwohlfahrtsbehörde vereinbart, dass die beiden in der Obhut von Tante Martha bleiben durften, bis sie später von ihr adoptiert wurden. Ich habe erst kürzlich die schon längst erwachsene Tochter getroffen, sie machte auf mich einen sehr glücklichen und lebensfrohen Eindruck. Sie ist Ärztin geworden und war gerade im Begriff, für eine längere Zeit nach Äthiopien zu gehen. Ihr Bruder arbeitet als Hoch- und Tiefbauingenieur in einem großen Bauunternehmen und ist mittlerweile vierfacher Vater. Ich bin sicher, dass Ingeborg sehr stolz auf ihre beiden Kinder wäre!

Was von Ingeborg und ihrer Krankengeschichte bleiben wird? So zu leben, als sei jeder Tag der letzte, wie der Gedanke an die Bedeutung Ferdinand Hodlers Bilderzyklus zu Liebe und Tod sowie sein persönliches Resümee aus einem Leben voll Trauer und Abschied: »So kommt der Tod auf uns zu, jede Sekunde unseres Lebens ist das eine schöne, ruhige Bewegung und eine Gegenbewegung. Wenn du ihn annimmst in dein Wissen, in deinen Willen: das schafft die großen Werke! Und du hast nur dieses eine Leben, um etwas zu leisten!«

Wenn ich beim Schreiben in die Erinnerung an Ingeborg eintauche und mir viele Bilder durch den Kopf gehen, kommt mir wieder in den Sinn, was ich bei Begegnungen mit an Krebs erkrankten Menschen ganz stark spüre: Die Wertigkeiten verschieben sich in dieser Situation.

Ist man derart schwer krank, sind die einfachsten Sachen der Welt plötzlich ein großes Problem. Wer trägt für mich den Wäschekorb bis zur Wäschespinne, damit ich die saubere Kleidung mühsam und langsam aufhängen kann? Wer hilft mir, die schweren Einkaufstüten die Treppen hochzutragen? Wie schaffe ich die paar Schritte bis ins Badezimmer und zur Toilette? Diese Fragen zu beantworten wird zur elementaren Herausforderung im Leben krebskranker oder behinderter Menschen.

Angesichts dessen wird mir persönlich plötzlich klar, wie dumm und kleinlich mein Streben nach Perfektion ist. Was macht es schon, wenn ich den Autobus versäume? Ich verliere dadurch in Wahrheit keine Zeit, sondern gewinne kostbare Minuten zur Entspannung und zum tiefen Durchatmen. So kann der Korb mit Bügelwäsche schon einmal längere Zeit warten, weil ich gerade einen interessanten Zeitungsartikel lese oder einfach keine Lust zum Bügeln habe.

Das ewige »Auf-Trab«, Allzeit-sprungbereit-für-die-Herausforderungen-des-Alltags-sein – wie oft verausgaben wir uns, um am Ende erschöpft festzustellen, nicht genug geleistet zu haben.

Es bedarf einer ordentlichen Portion Kraft und Stärke, um auszubrechen aus dem Laufrad zum Erfolg. Und was ist schon Erfolg? Karriere machen? Mehr Geld und Luxus? Ein noch größeres Auto?

Für Menschen wie Ingeborg ist es schon ein großer Erfolg, den Geschmack einer kleinen Portion Erdbeeren auf der Zunge zu spüren. Oder eine Stunde geistiger Klarheit ohne unerträgliche Schmerzen zu erleben. Für Perfektionswahn hatte sie längst keine Zeit mehr, denn die Zeit, die sie mit lieben Menschen und ihren Kindern noch verbringen konnte, war knapp bemessen. Auch mir fällt es nicht immer leicht, Dinge neu zu werten und mir das immer wieder vor Augen zu halten, denn auch ich wurde dazu erzogen, alles korrekt und rasch zu erledigen, nicht zu trödeln und schon gar nicht schlampig oder gar unordentlich zu sein. Wie gut tut es, doch einmal stehen zu bleiben, sich gegen den Strom der Zeit zu stellen, in Ruhe und Gelassenheit ein Vanilleeis zu schlecken und zu spüren, wie das Leben um einen herum pulsiert.

NACHBETRACHTUNG

Was sich bei Ingeborg erst ganz am Ende ihres Lebensweges eingestellt hat und was ich bei vielen anderen Sterbenden immer wieder
erlebt habe, war die tiefe, ehrliche Dankbarkeit für die »geschenkte
Zeit« – jene Wochen und Monate, die sie mit lieben Menschen noch
verbringen konnten. Dabei spielte es keine Rolle, wie lang die Zeit
des Glücklichseins auch sein würde. Allein die Tatsache, dass einige
Momente voll Schönheit, Tiefe und Liebe möglich waren, machten
das Dunkel und die Hoffnungslosigkeit für den sterbenden Menschen
erträglich.

Auch Schuldzuweisungen und Schuldgefühle lösten sich letztlich
auf, machten keine Angst und belasteten nicht mehr. Dabei war es
völlig egal, wer um Verzeihung bat, den ersten Schritt machte oder
einfach nur die Hand zur Versöhnung reichte. Es ist dann so, als würde
sich in den letzten Atemzügen Ungeklärtes und Unausgesprochenes
in Wohlgefallen auflösen. Daher ist es nie zu spät, mit seinem Leben
und all den nicht gelebten Möglichkeiten seinen Frieden zu machen.
Im Verzeihen liegt eine ganz große Kraft der Erlösung, was wiederum
bedeutet, dass der sterbende Mensch loslassen kann und wir, die wir im
Leben zurückbleiben, von Schuld und Last befreit werden.

Solange uns das Leben so viele Möglichkeiten bietet, solange wir
gesund, ohne körperliche und geistige Einbußen und Beeinträchtigun-
gen klare Entscheidungen treffen können, sollten wir uns manchmal
fragen, mit wem oder womit man sich versöhnen möchte und ob man
sich selbst etwas zu verzeihen hat beziehungsweise ob es einen Menschen gibt, bei dem man sich entschuldigen möchte.

Genauso wichtig ist es aber auch, klare Schlussstriche zu ziehen
und sich zur richtigen Zeit abzunabeln und auf eigene Beine zu stellen.
Während der Pubertät finden wir heraus, wer wir sind, die Identität
bildet sich. Das bedeutet Abschied von den Eltern und Neubeginn,
die eigene Persönlichkeit reift heran, man wird selbstständig. Viele

Erwachsene haben diesen wichtigen Schritt nicht vollzogen und fühlen sich abhängig von ihrer Mutter und/oder von ihrem Vater. Je älter wir werden, desto schmerzhafter wird die Durchtrennung der Nabelschnur erlebt. Trotzdem ist es vielleicht jetzt der richtige Zeitpunkt, sich herauszuschälen aus dem Mutterschoß und loszulösen von zu starken Abhängigkeitsgefühlen. Gelingt dieser Prozess nicht rechtzeitig, bleiben Menschen immer unsicher, können sie Belastungen und Krisen in Beziehungen nicht aushalten und sie laufen zeit ihres Lebens einem Ideal nach, das sie selbst nie erfüllen werden, dem sie sich nicht gewachsen fühlen. Eltern werden zu Übermüttern und Übervätern hochstilisiert, denen blind und kritiklos nachgeeifert wird, ohne jemals daraus für sich selbst eine echte Befriedigung oder ein persönliches Erfolgserlebnis ableiten zu können. Zurück bleiben frustrierte und unglückliche Menschen, hadernd und unzufrieden mit sich selbst und der ganzen Welt.

Wachsen wir doch endlich über uns und unser kleinliches Leben hinaus!

Mémoires – Erinnerungen festhalten

Für Seiichi Furuya, einen in Graz lebenden bekannten Fotokünstler aus Japan, war die Fotografie schon immer die einzige Möglichkeit, Erinnerungen festzuhalten. So wie man Berührungen durch Worte ersetzen kann, hat er Worte durch Fotos ersetzt und seine Frau Christine über Jahre täglich mehrfach abgelichtet. Sie war gerne sein Modell, ließ sich vom Fotoapparat nicht ablenken, lebte die schönen Stunden ihres Lebens genauso selbstverständlich vor der Kamera aus wie die voller Verzweiflung, in denen sie von schweren Depressionen gezeichnet war. Eine psychische Erkrankung führte letztlich dazu, dass sie sich am 7. Oktober 1985, dem 36. Jahrestag der DDR-Gründung, kurz nach Mittag vom Hochhaus einer ostdeutschen Plattenbausiedlung in den Tod stürzte, wobei sie neben ihrem schockierten Ehemann den kleinen Sohn Komyo Klaus zurückließ.

Hunderte Negative blieben unberührt, es wurde nach ihrem Tod kein Bild entwickelt. »Seltsamerweise machte ich nach Christines Tod eine Zeit lang nur Fotos vom Berliner Himmel. Es hat sehr viele Regenbogen gegeben«, erzählt der Künstler. Erst 1989 machte er ein paar Abzüge für eine erste Ausstellung. Seiichi brauchte seine Zeit der Trauer. Zehn Jahre nach Christines Tod setzte er den Verarbeitungsprozess fort. Phasen der Produktivität und Phasen des völligen Rückzugs wechselten einander ab. Der Fotokünstler war dann gezwungen, zwischen Auflehnung gegen das Unglück und Annahme des Schicksals zu schwanken – in wilden Bewegungen landete er mal hoch oben, dann wieder ganz unten. So konnten Kataloge und Ausstellungen entstehen, die ausschließlich Christine gewidmet sind.

»Mémoires« nennt Seiichi Furuya seine Methode des Fotografierens, die Weglegen und Vergessen sowie das Ausgraben, An-die-Oberfläche-Holen zu einem späteren, passenden Zeitpunkt einschließt.

Es ist Erinnerungsarbeit im doppelten Sinne: einmal die notwendige Distanzierung, um mit dem schicksalhaft Erlebten überhaupt fertigzuwerden, dann aber auch der krampfhafte, fast verzweifelte Versuch, durch das Öffentlich-Machen der Bilder zu verhindern, dass sich ein Schleier des Vergessens auf die mehr oder weniger glücklichen Jahre legt. Seiichi konnte während der einsamen Stunden in seiner Dunkelkammer noch einmal intensiv Zwiesprache halten mit der verstorbenen Geliebten.

Seit Kurzem liegen die letzten Teile der Aufarbeitung in Form von Bildbänden vor. Endlich ist Seiichi Furuya befreit von den Schatten der Vergangenheit und er wird sich sicher neuen Themen widmen. Endlich kann er seine Linse anderen Objekten zuwenden, weil er alles getan hat, was zu tun war. Und weil er mehr getan, ausgehalten, durchdacht, abgewickelt und zu Ende gebracht hat, als je ein Mensch dazu in der Lage sein wird.

Jeder Mensch hat seine eigene Art Mémoires, die er abspeichert – ob es Menschen sind, die um ihn waren oder sind, Reisen, Landschaften, Dinge, Arbeiten, Erlebnisse, Begegnungen und vieles mehr. Erinnerungen daran sind nicht nur von großem persönlichen Wert, sondern können auch helfen, bei Krankheit oder im Alter schwierige, aber auch langweilige Zeiten zu überstehen oder lebendiger zu gestalten. Es bleibt ein ganz großes Geheimnis, welche Bilder unser Langzeitgedächtnis für immer abspeichert, welche Geschehnisse ewige Spuren hinterlassen. Bei Verwirrtheit, Demenz oder Alzheimer verhält es sich wie bei einem doppelt belichteten Film: Die Motive sind unscharf, schieben sich übereinander in ihrer Vielfältigkeit und können nicht mehr in aller Klarheit nachvollzogen oder auseinandergehalten werden.

Mit diesem Problem kämpfte auch Herr Alois, ein 78-jähriger Alzheimer-patient. In sein Gedächtnis hatte sich vor allem seine Arbeit eingeprägt und er sehnte sich in seine glückliche Zeit als Landwirt mit eigenem Bauernhof zurück. Von ihm erzählt das nächste Kapitel.

Der Rückzug ins Schneckenhaus bei Alzheimer im Alter

Wie können wir unsere Erinnerungen »konservieren«?

Vorbetrachtung

Das Älterwerden bringt viele praktische Dinge mit sich: Man sieht die Welt um sich herum mit mehr Ruhe und Gelassenheit, ist um wertvolle Lebenserfahrung reicher und kann mit dem unvermeidlichen Auf und Ab des Lebens besser umgehen, weil man im Laufe der Zeit seine eigene Strategie entwickelt hat. Doch die Kehrseite der Medaille anzunehmen, ist mühsam, schwierig und manchmal auch sehr traurig: Mit zunehmendem Alter lassen manche Fähigkeiten nach, der Körper verliert an Spannkraft und Wendigkeit, man hört und sieht nicht mehr so gut und auch das Kurzzeitgedächtnis lässt einen immer öfter im Stich.

Der Alterungsprozess bringt es mit sich, dass man ab und zu etwas vergisst oder auch sucht, wie zum Beispiel den Haustorschlüssel oder die Geldbörse. Hin und wieder vergisst man auch Namen oder man kann sich partout nicht an einen bestimmten Ort erinnern.

Ist ein Mensch dement oder gar an Alzheimer erkrankt, lässt sich der fortschreitende Gedächtnisverlust leider nicht mehr mit entsprechendem Training oder dem Bilden von Gedächtnisbrücken aufhalten. Die

Merkfähigkeit des Gehirns lässt immer mehr nach, mit der Zeit wird der Zugang zu Wissen und Verstehen und später auch zu den Erinnerungen eines ganzen Lebens versperrt. Demenzkranke können sich im weiteren Krankheitsverlauf immer schlechter ausdrücken, sie verlieren die Orientierung und finden sich nicht einmal mehr in der vertrauten Wohnung oder ihrem eigenen Haus zurecht. In manchen Fällen verändert sich in fortgeschrittenem Stadium der Erkrankung auch die Persönlichkeit. Durch die demenzbedingten Schäden des Gehirns können die Erkrankten aggressiv, launisch und eigensinnig werden.

Fast immer aber ist es ein Rückzug aus dem Hier und Jetzt in eine uns unbekannte Welt. Es ist wie mit der Schnecke und dem Schneckenhaus: langsam, aber stetig geht der Demenzkranke seinen Weg verkehrt zurück an einen Anfang in ein unbekanntes Land, das sich ganz tief unter vielen Schichten im hintersten Teil eines Schneckenhauses verbirgt. Ist der Kranke dort angekommen, hat er sich vollständig aus unserem Dasein zurückgezogen und lebt nur noch in seiner ureigenen Welt voller uns unbekannter Erlebnisse und Begegnungen.

Dieser Rückzug erfolgt langsam, Schritt für Schritt und ohne dass die Betroffenen etwas dagegensetzen können. Manche führt der Weg ganz weit zurück in die Kinder- und Jugendzeit. Sie suchen nach heimatlichen Orten und nach Spielgefährten; sie erleben ihren Schulalltag oder Kriegsereignisse. Andere wiederum glauben im Pflegepersonal geliebte, jedoch bereits längst verstorbene Menschen wiederzuerkennen. Am stärksten ist die Sehnsucht nach der glücklichsten Zeit im Leben. Dabei wird die Gegenwart mit allen erst kürzlich stattgefundenen Ereignissen komplett ausgeblendet. Umso farbenprächtiger sind die Erinnerungen an eine Vergangenheit, die oft schon sehr lange zurückliegt oder die es in dieser Form gar nie gegeben hat. Es ist wie ein rasches Spiel von Licht und Schatten: Wirklichkeit und Fantasie können so schnell wechseln, dass nicht nur der demente Mensch selbst, sondern auch seine Angehörigen oder Pflegenden verwirrt werden.

Wann fängt Sterben an?

Einige werden sagen: ab dem Tag unserer Geburt. Andere wiederum meinen, man sterbe immer erst am Ende eines Lebens. Für Menschen, die an Demenz oder Alzheimer erkrankt sind, beginnt das Sterben bereits frühzeitig, mitten im Leben, sobald Fähigkeiten und Fertigkeiten nachlassen und Dinge aufgrund von Vergesslichkeit nicht mehr bewältigt werden können. Das Autofahren ist so eine Sache, die meistens mit Konflikten innerhalb einer Familie einhergeht. Wer gibt schon gerne zu, dass ihn diese Tätigkeit sehr anstrengt, weil man nicht mehr so gut sieht, die Füße nicht mehr richtig mittun und einen der Verkehr auf der Straße langsam verängstigt? Autofahren bedeutet in unserer Gesellschaft ein hohes Maß an Freiheit und Unabhängigkeit. Man ist vor allem stolz, einen »fahrbaren Untersatz« zu haben, auf den man vielleicht jahrelang gespart hat. Ich kenne das aus den Gesprächen mit Angehörigen, die von der »schrecklichsten Situation ihres Lebens« mit dem Vater berichten, wie sie die Autoschlüssel verstecken, damit der Demenzkranke nicht wieder versucht, mit dem Wagen aus der Garage zu fahren. Wenige ältere Herrschaften sind so vernünftig wie mein Vater, der anlässlich seines 80. Geburtstags sein Auto verkauft und den Führerschein verwahrt hat. Er, der zeit seines Lebens als Holzeinkäufer unterwegs war, kennt sich mittlerweile sehr gut mit öffentlichen Verkehrsmitteln aus und genießt die stressfreie Fahrt mit dem Autobus oder der Tram. So hat er im Alter neue Kompetenzen erworben und weiß etwa ganz genau, welche Linie in welchem Teil der Stadt verkehrt. Ich bin ihm sehr dankbar, dass er mir diese Diskussion erspart hat.

Der lange Weg von den ersten Erinnerungslücken bis zu schweren geistigen Einbußen ist gekennzeichnet von verschiedenen Stationen, an die sich die Verwirrten klammern, um nicht völlig verloren zu gehen. Am Anfang steht das Unglücklichsein im Mittelpunkt, wenn sie spüren, dass sie sich im Alltag nicht mehr zurechtfinden, und Angst haben, die Kontrolle über den eigenen Körper mehr und mehr zu verlieren. Veränderungen lehnen sie kategorisch ab und Konfrontationen mit ihrer Situation erschrecken sie. In dieser Phase des Umbruchs reagieren Demenzkranke sehr abweisend auf Berührung, ja, sie lehnen es sogar ab, von der eigenen Tochter in den Arm genommen zu werden. So nimmt das Unglück seinen Lauf.

Immer häufiger vergessen sie dann Namen und sie verlieren das Gefühl für die Zeit. Sie ziehen sich aus der Wirklichkeit zurück und durchleben Szenen ihrer Vergangenheit, während das Tagesgeschehen fast völlig ausgeblendet wird. So kommt es vor, dass sie gleich nach dem Frühstück das Mittagessen verlangen, weil sie vergessen haben, dass ihnen erst vor fünf Minuten eine Buttersemmel und der Morgenkaffee serviert wurden. Da sie nicht mehr wissen, wie spät es ist, wird die Nacht zum Tag und Langeweile breitet sich in ihrem Leben aus. Mit der Zeit erkennen sie auch die Familienangehörigen nicht mehr, was sie erschreckt und noch ängstlicher macht. Ihre Aufmerksamkeit lässt rasch nach, sie können sich überhaupt nicht mehr konzentrieren und vergessen auch, wie man schreibt. Diese Veränderungen können dazu führen, dass Demenzkranke mit Aggression, Wut und Zorn reagieren, weil sie nicht verstehen können, was in ihrem Kopf und ihrem Innern vor sich geht, und weil sie sich sehr einsam fühlen.

Der einsame Weg zurück in die frühe Kindheit setzt sich weiter fort, erkennbar an Lauten wie Weinen, Lachen, Singen, Pfeifen oder Schnalzen mit der Zunge, die sie ununterbrochen wiederholen. Weil sie ihre Gefühle nicht mehr zum Ausdruck bringen und auch nicht sagen können, was ihnen fehlt oder was sie sich wünschen, greifen sie auf Bewegungen zurück, die sie von früher kennen: Schreien, Klopfen, unablässiges Auf- und Abgehen; manchmal wiegen sie im Sitzen ihren Oberkörper vor und zurück, nach links und nach rechts, sanfte Bewegungen wie das Schaukeln einer Wiege oder des Arms einer Mutter. In dieser Phase permanenter Wiederholung von Bewegungen und

Lauten leiden Betroffene bereits unter Inkontinenz. Manche von ihnen mobilisieren noch einmal alle Kräfte, um sich aufzulehnen gegen den schrittweisen körperlichen Verfall. Durch lautes Rufen machen sie auf sich aufmerksam, weil sie sich uneingeschränkte Zuwendung und Aufmerksamkeit wünschen.

Zum totalen Rückzug kommt es, wenn Betroffene nicht mehr sprechen, ihre Augen geschlossen sind und sie sich nicht mehr bewegen. Ihre Haltung ist dann wie die eines Fötus, zusammengekrümmt liegt ihr kleiner Körper im großen, weißen Bett. Sie haben sich vollständig aus der Realität zurückgezogen, sehen dann nur noch mit ihrem »inneren Auge« und drücken kaum Empfindungen aus. Meist sind sie in dieser Phase sanft und ruhig, haben sich im Kampf um ihr Leben geschlagen gegeben und schlafen irgendwann ein, ohne wieder aufzuwachen.

Alzheimerpatient Alois und seine hungrigen Hühner

Es war einer dieser extrem heißen Sommertage, an denen niemand freiwillig im Freien unterwegs ist und alle schattige Plätze oder die Kühle eines Hauses aufsuchen. Im Tageszentrum saß eine kleine Gruppe von Alzheimerpatienten um einen runden Tisch. Sie sangen Kinder- und Volkslieder mit ihrer Betreuerin, die sie auf der Gitarre begleitete. Diese Menschen – vier Frauen und zwei Männer zwischen 60 und 82 Jahre alt – hatten überhaupt kein Kurzzeitgedächtnis mehr und wussten daher auch nicht, wer sie waren, wo sie wohnten und was sie zum Frühstück gegessen hatten. Jedoch an die Liedtexte und die Abfolge der Strophen erinnerten sie sich ganz genau, so herrschte eine freudige, heitere Stimmung im Raum.

Nur Herr Alois war sehr unruhig und beteiligte sich nicht. In jeder Pause klatschte er lautstark mit seinen Händen und sagte in schon fast flehendem Ton:»Schwester, wir haben einen Rohrbruch. Das Wasser spritzt schon von überall heraus. Tun Sie doch was, damit es aufhört. Alles nass ...«

Die Betreuerin versicherte ihm zum x-ten Mal, mittlerweile mit einem drohenden Unterton in der Stimme, dass alles in Ordnung und nirgendwo ein Rohr gebrochen sei. Einer Dame in der Runde, selbst schwer an Demenz erkrankt, wurde es schließlich zu bunt und sie schrie Herrn Alois an: »Halt doch endlich den Mund, du störst ja nur, gib Ruhe!«

Ich beobachtete seit geraumer Zeit die Entwicklung in der Gruppe, als Herr Alois mir einen hoffnungsvollen Blick zuwarf. Ich nickte zustimmend mit dem Kopf, denn ich verstand ihn ja nur allzu gut. Der vermeintliche Rohrbruch und das Wasser, das er zu spüren glaubte, hatten wohl damit zu tun, dass er zunehmend an Inkontinenz litt und den Urin nicht mehr halten konnte. Diese Phase ist für alle alten Menschen ganz schwierig, weil sie mit dem Verlust der Kontrollfunktion nicht zurechtkommen. Die hilfreichen Einlagen wollen sie nicht tragen und die Tatsache, dass sie häufig die Toilette nicht mehr rechtzeitig erreichen, schockiert und verunsichert sie völlig. Sie fühlen sich hilflos und ausgeliefert und sind voller Scham, wenn wieder einmal »etwas« in die Hose gegangen ist.

Ich fragte Herrn Alois, ob er mich begleiten möchte, und wir verließen den Raum, damit die Gruppe in Ruhe und voll Freude weitersingen konnte. Er war sehr dankbar dafür und hängte sich wie selbstverständlich bei mir ein. Zu *Hoch auf dem gelben Wagen*, gesungen von der Gruppe, gingen wir ins Freie und suchten uns einen schattigen Platz auf der Veranda. Es gelang mir gleich, Herrn Alois von der ihn belastenden Situation abzulenken und ein Gespräch anzuknüpfen, auch wenn seine Antworten sehr einsilbig und kurz ausfielen und wir über einen längeren Zeitraum einfach nur beisammensaßen und unseren eigenen Gedanken nachhingen. Zu wissen, wahr- und angenommen zu werden, vermittelt Menschen, die ihre »Rüstung« verloren haben, das Gefühl unendlicher Geborgenheit. Sie müssen nicht unentwegt unterhalten oder zur Mitarbeit bei irgendwelchen Arbeiten angehalten werden, vor allem wenn sie es nicht von sich aus wollen. Herr Alois liebte es, Äpfel zu schälen. Trotz seiner Einschränkungen konnte er mit seinem Taschenmesser die Schale hauchdünn herunterziehen, geschickt das Kerngehäuse herauslösen und den Apfel in dünne Scheiben schneiden.

Alois (78) war ein Alzheimerpatient, der zwischen Wirklichkeit und Fantasie hin- und herpendelte und sich alte, weit zurückliegende Zeiten und Situationen herbeiträumte. Dreimal in der Woche kam er ins Tageszentrum, wo er den ganzen Tag verbrachte. Ich kannte ihn schon lange und wenn wir uns eine Zeit lang nicht gesehen hatten, war ich jedes Mal bestürzt, wie sehr sich sein Zustand verschlechtert hatte. Aus einem Angehörigengespräch mit Ehefrau und Tochter wusste ich, wie schwierig es war, ihn zu Hause zu betreuen. Man musste ständig ein Auge auf ihn haben, denn auf dem großen Bauernhof lauerten viele Gefahren, derer er sich nicht mehr bewusst war. Zudem gab es Spannungen und Streitereien mit dem Sohn, der bereits vor Jahren den Hof übernommen und bislang noch keine »passende Frau« gefunden hatte. Alle waren mit der Situation überfordert. Was mit kleinen Vergesslichkeiten und Unachtsamkeiten beginnt, lange verdrängt und nicht wahrgenommen wird, endet häufig in schwerer Demenz und völliger Abhängigkeit. Für die Gattin waren die drei Tage, die Alois im Tageszentrum verbrachte, eine echte Erholung und auch Erleichterung. Sie hatte Zeit für sich und konnte ohne Sorge notwendige Erledigungen machen, zum Friseur gehen oder auch einmal eine Freundin im Kaffeehaus treffen.

Herr Alois kam sehr gerne ins Tageszentrum, die jungen Betreuerinnen gefielen ihm besonders gut und er schaute ihnen ganz beglückt nach, wenn sie einen kurzen Rock trugen. Manchmal »vergriff« er sich leider auch an Busen, obwohl er nach jeder schroffen Zurechtweisung wieder wusste, dass er das nicht tun durfte – dank Alzheimer vergaß er es auch gleich wieder. Jedes Mal um 17 Uhr, als würde eine innere Uhr ihm ein Zeichen geben, wollte er auf der Stelle nach Hause gehen, um seine Hühner und Schweine zu füttern. Weil er aber erst ab 18.30 Uhr abgeholt wurde, saß er dann meist abseits von den anderen, rief jedes seiner Tiere beim Namen und machte ausholende Bewegungen, als würde er Futter ausstreuen. Wenn man ihn darauf ansprach, dass er kein Futter in der Hand hätte, öffnete er die geballte Hand und zeigte auf vermeintliche Maiskörner für die Hühner und Brotstücke für die Schweine. Diese imaginären Fütterungen vollführte er mit einer solchen Inbrunst, dass es dem Betrachter schien, als wären die Tiere tatsächlich anwesend. Nach Abschluss dieser »Arbeit« war Herr Alois erschöpft und beruhigt gleichermaßen.

Ähnlich verhielt es sich auch bei der Verrichtung anderer bäuerlicher Tätigkeiten, die sich tief in sein Erinnerungsvermögen eingebrannt hatten. Der Erdapfelanbau war beispielsweise eine Sache, die sofort erledigt werden musste und nicht warten konnte. Gebückt, teilweise auch kniend, brachte Herr Alois oft Stunden auf dem Boden zu, wobei er aus einem nicht vorhandenen Eimer Erdapfelstücke herausklaubte, die er dann akribisch genau in einer Reihe in die weiche, braune Erde hineindrückte. Für jeden Besucher des Tageszentrums ein wohl verrückter Anblick, diesen alten Mann auf dem glänzenden Linoleumboden herumrutschend vorzufinden. In seiner Einbildung und seiner Vorstellung verrichtete er harte Arbeit und konnte daraufhin ohne Probleme das Mittagessen annehmen, weil er es sich »verdient« hatte. Sonst wollte er nämlich immer dafür bezahlen und war sehr bestürzt, da er kein Geld bei sich hatte, geschweige denn eine Geldbörse, sodass er sich weigerte, die Mahlzeit anzunehmen. Es bedurfte dann großer Überredungskünste, ihn zum Essen zu bewegen.

Mit Herrn Alois gab es immer wieder schwierige Situationen, beispielsweise wenn er zu seinem Traktor wollte, um aufs Feld hinauszufahren. Von der Gattin wussten wir, dass es auch auf dem Hof schon des Öfteren zu Handgreiflichkeiten gekommen war, weil er auf den Traktor gestiegen war und diesen unbedingt starten wollte. Er geriet derart in Rage, wenn er den Schlüssel nicht finden konnte, und musste mithilfe des Sohnes und unter Gewaltanwendung vom Fahrzeug geholt werden. Keine gute Lösung für ein immer wieder auftretendes Problem. Dessen ungeachtet muss man die schwierige Pflegesituation ganz nüchtern reflektieren und sich der großen Belastung für die Angehörigen bewusst sein. Da kommt es sicher oft vor, dass die Nerven blank liegen, wenn jeder Appell an die Vernunft beim Kranken ungehört verhallt. Schulungen oder gar Belehrungen der Angehörigen helfen dabei wenig. Dieser zermürbende Alltag, das Leben mit Demenzkranken hinterlässt Spuren in den Gesichtern und später, wenn die Patienten bettlägerig werden, auch auf dem Rücken der Pflegenden.

Es kam aber auch immer wieder zu rührenden Situationen, in denen Herr Alois ganz besonders liebevoll und besorgt war. Während der kalten Jahreszeit wollte er nach seiner Ankunft im Tageszentrum unbedingt einen Ofen anheizen, damit es alle warm hatten. Leider stand dort keine vergleichbare Heizmöglichkeit zur Verfügung, da die Räume zentral beheizt wurden. Eine der Betreuerinnen brachte stattdessen von zu Hause einen großen Korb voller Holzscheite mit, die auf der Terrasse aufgeschichtet wurden. Herr Alois begnügte sich damit, nach seiner Ankunft im Tageszentrum das Holz von draußen hereinzuholen und neben dem Heizkörper zu stapeln; abends trug er es auf Anweisung wieder nach draußen. Diese kleine Tätigkeit vermittelte ihm ein Gefühl von Würde, er war beschäftigt, was wichtig für seine soziale Wahrnehmung war. Er liebte auch das Nüsseaufklopfen im Herbst mit einem Hammer oder das Korbflechten mit frischen Weidezweigen vor Ostern. Ruhig zu sitzen, einer Geschichte zu lauschen oder ein Lied zu singen war ihm nicht mehr möglich, da erfasste ihn der Bewegungstrieb.

Gespräche gegen Einsamkeit und die Schatten der Vergangenheit

Die innere Vereinsamung schritt bei Herrn Alois rasch voran. Er kapselte sich mehr und mehr von seiner Umwelt ab und fühlte sich von allen unverstanden und manchmal auch nicht mehr geliebt. Um sich die Zeit zu vertreiben und vielleicht auch um das Gefühl von Einsamkeit und des Verlassenseins zu durchbrechen, führte er lange Gespräche mit fiktiven und realen Personen aus seinem Leben. Nicht alles, was er sagte, machte Sinn, ich konnte auch nicht alles entschlüsseln. Mir ging es auch nicht darum, seine Worte zu interpretieren oder zu bewerten, sondern ich wollte bloß zuhören und fragte gelegentlich nach, damit der verwirrte Mensch sicher sein konnte, dass ich Anteil nahm an dem, was ihn im Augenblick bewegte, und dass ich ihn mit all seinen Sorgen und Nöten ernst nahm.

Herr Alois suchte auch immer wieder nach seiner Mutter und Franzl, dem Bruder, der im Zweiten Weltkrieg gefallen war. Er sprach mit ihnen, als stünden sie leibhaftig vor ihm, als wären sie nicht schon längst gestorben.

»Mutter, Mutter, nicht so fest. Auweh, auweh!« Anschließend legte er die Hände schützend auf seinen Kopf.

»Bitte nicht schlagen, ich werde es nie, nie wieder tun!«

Der alte Mann zitterte am ganzen Körper und wehrte sich gegen unsichtbare Schläge, die auf ihn niederprallten. Die Angst aus Kindertagen war wieder allgegenwärtig.

Es gab aber auch ganz andere Szenen aus seiner Vergangenheit. So nahm er einmal ein paar rosarote Pfingstrosen aus der Vase und hielt sie mir direkt vors Gesicht.

»Mutter, da hast du, ich habe für dich Blumen gepflückt. Freust du dich?«

Meine Freude darüber war groß und Tränen der Rührung traten mir in die Augen. In diesem Augenblick war ich in seiner Fantasie die

Mutter, der er vielleicht zum Muttertag oder zum Geburtstag Blumen geschenkt hatte.

Mit »der Mutter« sprach er auch über Arbeiten wie Holzhacken und Pilzesammeln, notwendige Reparaturarbeiten im Haus und am Hof, ihr dankte er für das gute Essen. Dazwischen gab es jedoch immer wieder bedrückende Momente der Angst und Hilflosigkeit. Manchmal versuchte er schreiend, einen imaginären Feind mit beiden Händen abzuwehren und wegzudrängen. Ein anderes Mal wiederum rief Herr Alois minutenlang um Hilfe und konnte lange nicht beruhigt werden.

Der früh gefallene Franzl, dessen genaues Schicksal auf den Schlacht-feldern des Zweiten Weltkriegs nicht näher bekannt war, tauchte in seinen Fantasien immer wieder als der »große Bruder« auf, der ihm Anweisungen gab und dessen Befehle er bedingungslos und sofort aus-führen wollte. Wenn Franzl ihm den Auftrag erteilt hatte, einen Raum auszukalken, wollte Herr Alois diese Arbeit unbedingt auf der Stelle erledigen. Er suchte dann verzweifelt den Eimer mit Farbe und einen Pinsel und wurde aggressiv, wenn er beides nicht fand oder ihm jemand sagte, dass das Streichen heute nicht möglich sei.

Mit diesem Bruder erlebte er in seiner Fantasie auch zahlreiche Abenteuer und überstand an dessen Seite gefährliche Situationen. An folgende Begebenheit kann ich mich noch sehr gut erinnern: Die Besucher des Tageszentrums waren dazu angehalten, elastische Binden glatt zu streichen und aufzuwickeln – eine Beschäftigung, die die Fin-gerfertigkeit trainiert und die ihnen auch Freude machte. Am großen Korb mit den fertig aufgerollten Binden hatte sich Alois zu schaffen gemacht. Eine elastische Binde war um seinen Bauch gewickelt und mit zwei weiteren verknotet. Das Ende hatte er um eine Sessellehne gebunden. »Franzl, ich halte dich schon! Wir stürzen nicht ab! Wir schaffen das!«, rief er laut aus, wobei er rückwärts ging und den Sessel hinter sich herzog. Seine Hände umklammerten fest die Binde. Wir wussten, dass Herr Alois in seiner Vorstellung mit seinem Bruder auf einem Berg war. Sie waren mit einem Seil miteinander verbunden und er kämpfte wie die Männer in einem aufregenden Luis-Trenker-Film gegen den Absturz in die Tiefe. Diese Situation hatte zwar etwas Erheiterndes, zeigte aber gleichzeitig, wie kreativ Herr Alois in der Umsetzung seiner Fantasie war. Nie zuvor und auch nicht danach habe ich eine so eindrucksvolle Vorstellung einer Kletterpartie inklusive drohendem Absturz aus einer steilen Felswand erlebt! Franzl und Alois sind nicht abgestürzt und sie konnten sich nach diesem Abenteuer bei einer Tasse Kaffee und einem Butterbrot erholen, um wieder zu Kräften zu kommen. Es ist für mich immer sehr interessant zu erleben, wie real Alzheimerpatienten längst verstorbene Menschen in manchen Momenten offensichtlich erleben. Sie sehen sie vermutlich vor ihrem inneren Auge und sind überzeugt, mit ihnen zu sprechen oder zu streiten. Wird ihnen dann gesagt, dass der Betreffende nicht da oder der Bruder schon längst gestorben sei, können sie aggressiv reagieren oder sie ziehen sich gekränkt und unverstanden zurück wie eine Schnecke in ihr Schneckenhaus.

Herr Alois gehörte eher zur »lauten Gruppe« Betroffener, da er schlecht hörte und besonders laut sprach. Er regte sich auch sehr rasch auf, gestikulierte wild mit den Händen und bekam dabei einen hochroten Kopf. Besonders dann, wenn er über den »Huber-Bauern« sprach, ein Nachbar, mit dem er in tiefer Feindschaft zeit seines Lebens verbunden gewesen war. Die Tochter erzählte von vermeintlichen Streitereien über ein Wald- und ein Grundstück, was jedoch schon viele Jahrzehnte zurücklag, zumal es eigentlich eine Auseinandersetzung zwischen Herrn Alois' Vater und dem Huber-Bauern Senior gewesen war. Diese Feindschaft wurde von Generation zu Generation vererbt, allerdings führen die Tochter und der Sohn des Nachbarn diese »Sitte« nicht mehr fort, denn die beiden verstehen sich schon seit Schulzeiten gut und sind sogar miteinander befreundet – sehr zum Missfallen der Väter. Herr Alois war auf seinen Nachbarn nicht zeitnah zugegangen, weshalb ihn oft Schuldgefühle quälten. Außerdem hatte er einen verhängnisvollen Fehler gemacht, wie er selber sagte, indem er den Bauernhof dem jüngeren Sohn und nicht der älteren Tochter übertragen hatte, die in echter Liebe der Landwirtschaft verbunden war und nach der Heirat auf einen großen Hof nicht weit vom Elternhaus entfernt als moderne Bäuerin und Selbstvermarkterin tätig war. Dort pflegte sie auch die alten Schwiegereltern, was Herrn Alois besonders wütend machte, weil er instinktiv spürte, dass er sehr bald schon in ein Pflegeheim musste, denn der unverheiratete Sohn und seine Gattin waren überfordert mit ihm und seinen sich ständig ändernden Verhaltensweisen.

Die Handflächen von Herrn Alois erzählten die Geschichte eines harten, langen Bauernlebens mit viel Arbeit und wenig Freizeit. Auf die Frage, ob er schon mal auf Urlaub gewesen sei, folgte immer ein heftiges Kopfschütteln und eine lange Erklärung, warum er dafür nie Zeit gehabt hätte. Einmal hätte es an den Kühen gelegen, die jeden Tag gemolken werden mussten, dann wieder an den Schweinen, die er nie hätte allein lassen können, weil sie sonst verhungert wären. Im Sommer sei daran überhaupt nicht zu denken gewesen, da die Heumahd und die Getreideernte sein Leben ebenso wie das seiner Frau bestimmt hätten. Die Frage, ob es nicht vielleicht einen Verwandten oder einen Nachbarn gegeben hätte, der wenigstens ein paar Tage lang die Arbeiten auf dem Bauernhof hätte übernehmen können, verneinte Herr Alois immer heftig und ließ dabei die Schultern resignierend nach unten fallen.

Gerade mal eine sonntägliche Wallfahrt nach Mariazell war der einzige Ausflug, den er gemacht hatte. An die lange Busfahrt, den ersten Blick auf die beiden weißen Türme der Basilika und den festlich geschmückten Platz vor der Kirche mit den vielen Ständen voller Lebzelten, Kerzen und Rosenkränzen erinnerte er sich auf Nachfrage noch immer voller Freude, wobei seine Augen strahlten wie die eines Kindes, das gerade eine Belohnung erhalten hat.

Dass Arbeit nicht alles ist, wurde ihm in seinen letzten Lebensjahren sehr schmerzhaft bewusst. Herr Alois bedauerte sehr, dass er und seine Frau sich nicht auch nur eine Woche Urlaub gegönnt hatten. Wenigstens eine Kur wegen der ständigen Kreuzschmerzen hätte er machen sollen. Wenn er noch einmal auf die Welt käme, würde er öfter in Ferien fahren und nicht immer nur in der Arbeit zu Hause aufgehen.

Das Sterben von Herrn Alois, das irgendwann mitten im Leben begonnen und zunächst nur kleine Abschiede und den Verlust marginaler Fähigkeiten mit sich gebracht hatte, dauerte länger als fünf Jahre. Zwei davon kam er ins Tageszentrum, wobei ihn seine Angehörigen am Ende täglich dorthin brachten. Dann musste er ins Pflegeheim, da sich sein Zustand verschlechtert hatte. Zu diesem Zeitpunkt hatte er schon lange kein einziges Wort mehr gesagt und sich immer mehr zurückgezogen. Sein Blick war klar, aber völlig entrückt und Herr Alois schien unendlich weit weg, nicht in dieser Zeit und dieser Welt. Er schwieg und nahm am Ende überhaupt nicht mehr Anteil am Geschehen um sich herum. Die letzten Monate seines Lebens war er unruhig und gab nur noch unverständliche Laute von sich. Manchmal ballte er die Fäuste und wurde laut, dann wieder wisperte er leise, fast melodisch und bruchstückhaft vor sich hin. Er musste gewickelt und gefüttert werden; das letzte halbe Jahr vor seinem Tod konnte er auch nicht mehr in den Rollstuhl gesetzt werden. So lag er Tag und Nacht im Bett und starrte an die Decke. Vier Wochen, bevor er starb, verweigerte er Essen und Trinken. Es stellte sich die Frage, ihn ins Krankenhaus zu bringen und künstlich zu ernähren mithilfe einer Magensonde. Ehe eine Entscheidung getroffen werden konnte, starb Herr Alois letztendlich so, wie er gelebt hatte: in einer stürmischen Winternacht, einsam und leise, ohne großes Aufheben. Der diensthabende Pfleger fand den Toten auf einem seiner Kontrollgänge. Herr Alois bekam ein schönes Begräbnis mit vielen Blumen und Musik.

Fazit

Die Schatten der Vergangenheit holen Demenzkranke immer wieder ein. Sich seiner Lebensgeschichte in all ihren Facetten und Farben, sich den schönen, aber auch schlechten und schlimmen Zeiten zu stellen, ist nur möglich, solange unsere geistigen Fähigkeiten halbwegs »unbeschädigt« sind. Wenn Zeit und Raum auseinanderbrechen und die Bilder im Kopf wirr umherschwirren, ist es dafür zu spät.

Für uns ist es jedoch noch nicht zu spät, wir leben im Hier und Jetzt.

Woran erinnern wir uns gerne? Wo gibt es Verletzungen und Schatten?

- Wer hat mich geliebt? Wer hat mich verlassen?
- Welcher Groll und welche verdrängte Kränkung belasten mich noch immer?
- Wie war meine Kindheit? An welche Schulerlebnisse erinnere ich mich noch?
- Welche Arbeitsbeziehung hat mich geprägt? Was habe ich mir von meinem ersten selbst verdienten Geld gekauft?
- Welche beruflichen Wünsche haben sich nicht erfüllt?
- Was habe ich in meinem Leben erlebt?
- Welche Erinnerungen an schöne Zeiten begleiten mich?
- Was ist bislang nicht so gut gelaufen? Was möchte ich verändern?
- Bei welchen Begegnungen habe ich Glück erfahren?
- Bin ich in ein soziales Netz eingebunden?
- Auf wie viele Menschen kann ich mich verlassen?
- Wer gibt mir die nötige Unterstützung und hilft mir, wenn meine Not groß ist?

Noch ist es nicht zu spät, eingefahrene Rituale über Bord zu werfen, das eigene Leben zu überdenken und Veränderung und Neubeginn herbeizuführen. Das funktioniert allerdings nur, wenn man wirklich etwas tut und es nicht beim Nachdenken belässt und sich Illusionen macht. Es bedarf aber auch Mut, Konsequenzen zu ziehen, die für einen selbst und die Umwelt schmerzhaft sein können.

Rainer Maria Rilke bringt es auf den Punkt, worauf es im Leben ankommt und warum ein Kind niemals auf »Sparflamme« lebt, sondern aus dem Vollen schöpft, das Leben mit beiden Händen am Schopfe packt:

> *Du mußt das Leben nicht verstehen,*
> *dann wird es werden wie ein Fest.*
> *Und laß dir jeden Tag geschehen*
> *so wie ein Kind im Weitergehen*
> *von jedem Wehen*
> *sich viele Blüten schenken läßt.*
>
> *Sie aufzusammeln und zu sparen,*
> *das kommt dem Kind nicht in den Sinn.*
> *Es löst sie leise aus den Haaren,*
> *drin sie so gern gefangen waren,*
> *und hält den lieben jungen Jahren*
> *nach neuen seine Hände hin.*[4]

Machen wir es diesem Kinde nach!

---

4   Rainer Maria Rilke. *Die Gedichte.*

NACHBETRACHTUNG

Bei Demenzerkrankungen sind die Früherkennung und vor allem eine rasche Behandlung von besonderer Bedeutung, da durch verschiedene Therapieformen der Krankheitsverlauf hinausgezögert und die Lebensqualität verbessert werden können. Wir werden uns zukünftig diesem Thema verstärkt stellen müssen, denn jeder zehnte Mensch, der älter als 60 Jahre ist, erkrankt an Demenz oder Alzheimer. In Deutschland wird es bis 2030 2 Millionen Demenzkranke geben, in Österreich sind es derzeit 100 000 Betroffene.

Die Generation der Betagten und Hochbetagten hat nach dem Zweiten Weltkrieg den Großteil ihrer Gefühle und Emotionen in den Wiederaufbau investiert, weswegen sie heute nicht in der Lage ist, Hilfe anzunehmen, sich pflegen und betreuen lassen. Zu tief sitzt der Drang, alles selbstständig und alleine lösen zu können. Auch die Ansicht, dass alles im Leben seinen Preis hat und man dafür zahlen muss, ist sehr verbreitet. Massagen, Entspannung, sich verwöhnen lassen, gute Dinge genießen – das ist in ihrer Wahrnehmung purer Luxus. Sie haben im Laufe ihres Lebens unendlich viele Entbehrungen, Hunger und Leid erlitten. Daher gelingt es auch nicht immer, die Verhärtungen und Verkrustungen aufzubrechen. Wenn wir den Blick von ihren Defiziten und dem, was nicht mehr vorhanden ist, abwenden und hinwenden auf ihre jeweiligen Möglichkeiten und das, was ihnen jetzt wichtig erscheint, können wir ihnen helfen, aus ihrem Schneckenhaus herauszukommen. Weniger ist mehr, auch in der Betreuung kommt es nicht auf Quantität an, sondern auf die Qualität dessen, was wir für sie tun. Manche wollen und können nicht mehr und brauchen Ruhe und Verständnis und vor allem unsere Bereitschaft zu akzeptieren, dass sie sich nicht mehr beteiligen wollen am »Spiel des Lebens«, weil sie jeden Tag ein bisschen mehr sterben.

Anderen können wir vielleicht noch helfen, indem wir lernen zu verstehen, was ihnen jetzt noch interessant und wichtig sein könnte.

Wenn wir diesen Menschen so lange wie möglich das Gefühl vermitteln, noch gebraucht zu werden, wertvoll und gleichwertig zu sein wie alle anderen Mitglieder der Gesellschaft, dann blitzt vielleicht in einem kurzen Augenblick ihre Dankbarkeit auf. So kreativ und unkonventionell, wie wir im Kindergarten versuchen, die Kleinen zu motivieren, etwas Neues auszuprobieren, sollten wir den Alten begegnen, die wohl nichts Neues mehr lernen, aber dann vielleicht unsere Hilfe annehmen können.

Wenn die Jahreszeiten mit ihren Düften und Farben zu uns sprechen

Der Blick zurück in die Kindheit fällt auf Vertrautes, aber auch auf für immer Verlorenes. Es ist oft eine bestimmte Jahreszeit mit ihren Gerüchen, die uns an schöne Zeiten genauso erinnert wie an schlimme, dunkle Kindheitstage voll Angst, Trauer und Schmerz. Für Sándor Márai, den in Košice (heute Slowakei) geborenen Kosmopoliten, der in vielen europäischen Ländern lebte, später Ungarn aus politischen Gründen verlassen musste und in die USA emigrierte, wo er seinem Leben durch Freitod ein Ende setzte, hatte beispielsweise der Winter etwas, das ihn unmittelbarer und schmerzlicher an seine Kindheit erinnerte als die anderen Jahreszeiten.

Der Frühling duftet stark nach Flieder und Maiglöckchen, nach frischer Luft und Aprilregen, der Wind lässt die Wolken am Himmel tanzen. Das Erwachen der Erde nach einer langen, harten Winterzeit mit vielen kleinen Knospen lässt die Hoffnung in unseren Herzen wachsen, wir fühlen uns motiviert und voller Energie, freuen uns über die Farbe Grün in ihren hunderttausend verschiedenen Schattierungen und Nuancen. Die Bäume, die bedächtig wieder einen weiteren Jahresring zugelegt haben, langsam und ganz ohne Eile wachsen, bekommen wieder ihr grünes Kleid. Staunend stehen wir vor den Knospen des Kastanienbaums, seinen ersten zarten fingerförmigen Blättern mit den filzigen Adern, wir streichen über die schlanken Zweige der Trauerweide, spüren die Blatterhebungen und glauben, sie so schneller zum Wachsen zu bringen. Das Weiß der Schneerosen und Schneeglöckchen oder Frühlingsknotenblumen erinnert uns gar nicht mehr an den Schnee des letzten Winters. In der Natur drängt alles auf Aufbruch und Neubeginn. Der Farbreigen hat begonnen.

Wie anders ist da schon der Sommer mit seinem Duft nach frisch gemähtem Gras, Lavendel und Jasmin. Manchmal ist es sehr heiß und wir freuen uns auf den Ausflug an den Badesee oder ins Freibad. Dabei erinnern wir uns, dass die Badesaison in unserer Kindheit viel früher begonnen hat, weil die Sommer heißer waren, außerdem hatten wir auch viel mehr Spaß dabei. Der Sommer ist auch die Zeit der Gewitter, Energie entlädt sich in vielen Unwettern, Hagel und Hochwasser gehören leider auch dazu. Für Kinder hat das Wort »Sommer« einen ganz herrlichen Klang und schmeckt nach Faulenzen und Freiheit, denn sie verbinden diese Jahreszeit immer mit den großen Ferien. Es ist heute wie damals die Zeit, in der Familien noch immer häufig gemeinsam verreisen, wenn auch mit anderen Verkehrsmitteln als früher.

Der Herbst zeigt uns noch einmal, was die Natur alles kann, indem sie sich in einem Rausch der Farben verliert. Die Luft ist dicht und zähflüssig. Die Weintrauben warten darauf, geerntet zu werden. Diese »goldene Jahreszeit« ist die Zeit der Reife und Ernte. Ein leichter Schauder legt sich manchmal auf unser Gemüt, denn die Kühle am Morgen und am Abend sowie die zähen Nebelfelder lassen uns erahnen, dass bald eine feuchte Kälte übers Land ziehen wird. Wir haben Angst vor Verkühlung, Grippe und Bronchialkatarrh und schreiben diese Erkrankungen gerne dem Wechsel von warm auf kalt zu. Ischias und rheumatische Beschwerden treten bekanntermaßen sehr gerne und gehäuft im Herbst auf.

Ohne dass wir es bemerkt haben, ist der Herbst in Winter übergegangen. Wir kämpfen uns durch Schnee und über Glatteis, während die Kinder ihre Schlitten auspacken und schon bei wenigen Zentimetern der weißen Pracht die Hügel runterbrettern, als gäbe es nichts Lustvolleres und Schöneres. Der Monat Dezember ist für Kinder eine erwartungsvolle Zeit, zügig geht es mit dem Öffnen der Fensterchen des Adventskalenders dem Weihnachtsfest entgegen und damit auch der Hoffnung auf Erfüllung ihrer Wünsche. Früher zeichneten die Kinder auf einem Bogen Papier einen Weihnachtsbaum mit 24 Ästen. Klopfenden Herzens wurde jeden Morgen ein Ästchen mit einem Farbstift markiert und nachgezählt, wie lange es noch bis Heiligabend dauert. Der Jahreswechsel wiederum ist die Zeit der vielen guten Vorsätze, die oft schon in den ersten Tagen des neuen Jahres wieder gebrochen werden.

Es gibt aber noch andere Gerüche und Düfte unserer Kindheit, die bei uns Wohlwollen und Freude oder Schauder und Ekel auslösen können:

4711 Echt Kölnisch Wasser, warmer Grießbrei mit Schokolade, heißer Kakao, frischer Apfelstrudel, geschälte Orangen, gemahlener Kaffee, Rindersuppe mit Fleisch und Knochen, Semmelkren (Krenkoch), Vanillepudding, Lavendelsack für den Wäschekasten, Himbeerkracherl ...

Wir speichern in unserem Gehirn aber nicht nur schöne Erinnerungen. Und manche Menschen leben mit einem Siegel auf den Lippen und halten tief im Herzen ein Geheimnis verborgen. Sie schweigen bis in den Tod, öffnen sich vielleicht noch ganz kurz davor und vertrauen sich jemandem an, weil sie das Verschweigen dessen, was seit Jahrzehnten in ihrem Herzen brennt, nicht mehr aushalten. Davon erzählt die Geschichte der alten Frau Anna.

Die langen Schatten des Krieges

ALLE GEHEIMNISSE KOMMEN IRGENDWANN ANS TAGESLICHT

Vorbetrachtung

Der Traum vom »ewigen Leben« bei bester Gesundheit und höchster Leistungsfähigkeit ist trotz großer Fortschritte in der Medizin noch immer eine Illusion. Zwar steigt die Lebenserwartung von Jahr zu Jahr, damit gehen aber auch ein erhöhter Pflegebedarf und in vielen Fällen ein langer Leidensweg einher. Altsein und Altwerden schließen den Rückblick aufs Leben mit all seinen Höhen und Tiefen ein. Manche können nur in Bitterkeit und Zorn zurückschauen, andere haben so viele Krisen und Bedrohliches verdrängt, dass sie es weder bewältigen noch aufarbeiten können. Diese unbewältigte Lebensaufgabe belastet vor allem dann, wenn die Erlebnisse so weit in der Vergangenheit liegen, dass es zu spät ist, um um Vergebung zu bitten oder Sühne zu leisten, weil der alte Mensch in seiner Demenz gefangen ist und nur noch Bruchstücke dieser quälenden Vergangenheit erahnen kann. Leider ist mit der Zeit auch das soziale Netz löchrig geworden, denn geliebte Menschen, denen man vertrauen konnte, Freunde und Weggefährten sind längst verstorben oder selbst alt und krank.

Der Zweite Weltkrieg liegt nun Jahrzehnte zurück, trotzdem ist er noch immer präsent: nicht nur in der sehr löblichen Aufarbeitung der Ereignisse mit Zeitzeugen in Schulen, sondern vor allem in Pflegeheimen und an jenen Orten, wo betagte Menschen zu Hause sind. Heimweh und Ängste plagen die Alten vor allem in der Nacht, wenn Traum und Wirklichkeit ineinanderfließen und man als Dementer nicht mehr weiß, ob man das, was man empfindet, tatsächlich erlebt hat oder man es nur träumt. In solchen Nächten durchleiden Hochbetagte immer wieder das Feuer und den Bombenhagel auf ihre Stadt oder sie haben das Gefühl, im Luftschutzkeller eingesperrt zu sein, hungernd und frierend. Sie suchen dann nach geliebten Menschen, die sie damals verloren haben, und sind gefangen in einem Kreislauf belastender Emotionen. Selbst literarische und politische Größen, die ihre Biografie in die eine oder andere Richtung »geschönt« und den augenblicklichen Gegebenheiten angepasst haben, neigen in solchen bitteren Stunden der Einsamkeit dazu, ihr wahres Ich zu zeigen, und werden wieder zu Nationalsozialisten oder Antisemiten und glauben, einen längst verlorenen Kampf zu Ende führen zu müssen.

Die Entwicklung der Persönlichkeit eines Menschen ist nicht von heute auf morgen abgeschlossen, sondern erfolgt kontinuierlich von der Geburt bis zum Tod. Am besten eignet sich das Bild einer Leiter zur Beschreibung dieses lebenslangen Prozesses. Jede Stunde birgt eine neue Erfahrung in sich und wir müssen Sprosse um Sprosse erklimmen. Die erste Stufe kennen wir, denn sie steht für unsere Geburt. Wann und wie wir die letzte erreichen, weiß keiner von uns. Während wir unaufhaltsam unsere Lebenssprossen einem unbestimmten Ziel entgegen emporsteigen, müssen wir Krisen und Übergänge meistern. Das kleine Kind hat andere Aufgaben zu lösen als der pubertierende Jugendliche, die junge Berufstätige steht wiederum auf einer ganz anderen Stufe als der Familienvater mit drei Kindern. Das Überwinden jeder Krise heißt Einnehmen einer guten Grundhaltung, Entwicklung von Vertrauen, Leistungsbereitschaft, Treue, Liebe, Fähigkeit zu Fürsorge und Erlangung von Weisheit. Auf der Reise nach oben kommt es jedoch immer wieder vor, dass einzelne Stufen übersprungen werden. Ereignisse wie Verlust und Trennung werfen uns hingegen wieder zurück und nicht vollzogene Abschiede lassen uns an so mancher Sprosse hängen bleiben. Jede Krise birgt auch immer wieder die Chance, unser Leben neu zu betrachten, neu zu ordnen und die Bewältigung »übersprungener« Lebensstufen zu einem späteren Zeitpunkt nachzuholen. Für den 90-jährigen Greis im Rollstuhl ist es jedoch zu spät, nicht bewältigte Problemstellungen aus der eigenen Vergangenheit zu lösen!

Alt, krank und hilflos zu werden, bedeutet immer auch den Verlust innerer und äußerer Werte. Das »Fundament«, die tragenden Säulen unseres Daseins werden bestimmt durch das Funktionieren unseres Körpers, das soziale Netzwerk, von dem wir getragen werden, Arbeit und Leistung, durch materielle Sicherheit, Werte und Religion. Im Alter, bei schwerer Krankheit, Arbeitslosigkeit oder einfach nur wegen des Gefühls, nicht mehr gebraucht zu werden und zum »alten Eisen« zu zählen, geben diese Stützpfeiler nach oder stürzen ein. Wenn es so weit ist, klammern sich alte Menschen besonders stark an ihre Erinnerungen und fügen die schon einsturzgefährdeten Säulen ihrer Identität mit Bildern und (übertriebenen) Geschichten aus der Vergangenheit zusammen und entwickeln manchmal auch Wut, Zorn und Hass auf das gelebte Leben. Oder sie verstummen, schweigen und ziehen sich zurück.

Wer in der Kindheit Krieg, Hunger und Not am eigenen Leib erlebt hat, wird möglicherweise im Alter dazu neigen, Lebensmittel und andere Gebrauchsgegenstände zu horten. Wer ohne Vater aufwachsen musste, weil dieser auf einem der Schlachtfelder des Zweiten Weltkriegs fiel, wird vielleicht zeit seines Lebens eine Vaterfigur suchen. Frauen, die von Besatzern oder Soldaten vergewaltigt wurden, durchleiden im Alter immer wieder diese belastenden, oft aus Scham und Angst verschwiegenen traumatischen Momente, auch wenn sie Jahrzehnte zurückliegen. Umgekehrt verliebten sich viele Frauen in ausländische Soldaten, die

Österreich und Deutschland besetzt hielten und wesentlich zum späteren Wohlstand und zur demokratischen Entwicklung beitrugen, da die Männer nicht mehr nach Hause kamen und die Zeiten schlecht waren. »Die GIs waren so große, fesche Männer, kräftig und gesund und vor allem so sympathisch und lieb zu uns Frauen.« Diesen Satz habe ich mittlerweile sehr oft aus den Mündern alter Damen gehört. Hinzu kam, dass 1 US-Dollar in der Nachkriegszeit 26 österreichische Schillinge wert war, was die Besatzer noch attraktiver machte. Besonders die Amerikaner waren beliebt, da sie den Kontakt zur Bevölkerung suchten und den Kindern immer wieder Kaugummi, Schokolade und Kakao schenkten. Trotz Fraternisierungsverbot und vielen Vorurteilen gegenüber den einheimischen Frauen und ihrer Nazivergangenheit kam es da wie dort zu einer Annäherung, deren letzte Konsequenz die Geburt eines Kindes war. Viele Töchter wurden aus dem Elternhaus verbannt, wenn sie »vom Feind« schwanger geworden waren. Eine beliebte Strafe war auch das Zöpfabschneiden und das Beschmieren des Gesichts jener junger Frauen mit Ruß, wenn sie sich mit einem Amerikaner »eingelassen hatten«.

Die mutigen und fleißigen Frauen des Wiederaufbaus, die aus dem Schutt und der verbrannten Erde mit ihrer eigenen Hände Arbeit so viel Neues geschaffen haben, die bereit waren, das Letzte zu geben – denn ihre Kinder sollten einmal in einer »besseren Welt« leben –, vergaßen und verdrängten ihre Gefühle. Trauer angesichts der verlorenen Zeit durfte genauso wenig gezeigt werden wie beim Tod so vieler nahestehender Menschen. Es war tabu, Emotionen zu zeigen. Meine Mutter erzählte mir oft, wie sie sich Geld von der Großmutter erbettelt hatte, um hin und wieder nach dem Krieg ins Kino gehen zu können. Sie liebte all diese kitschigen Heimatfilme, die ein Stück »heile Welt« vorgaukelten und wo sie herzzerreißend weinen konnte, denn im dunklen Saal war es möglich gewesen, die Tränen fließen zu lassen. Heute sind diese Menschen alt und pflegebedürftig und nicht in der

Lage, unsere Hilfe anzunehmen, weil sie noch immer daran festhalten, nur geben zu müssen und ja nichts annehmen zu dürfen. Dabei spielt Geld eine große Rolle und der Ausspruch »Alles hat seinen Preis« hat sich tief in ihr Denken und Handeln eingeprägt. In den Zeiten des Wirtschaftswunders wollte sich niemand mit der eigenen Vergangenheit und den bedrückenden Kriegsereignissen auseinandersetzen. Heute ist es für viele schon zu spät und die Schatten der Vergangenheit lasten auf ihnen.

Frau Anna und ihre große schwarze Handtasche

Frau Anna feierte gerade ihren 85. Geburtstag im Pflegeheim, als ich sie kennenlernte. Sie war eine große, schlanke Frau mit lebhaften braunen Augen und schneeweißem Haar, das sie zu einem Haarkranz geflochten am Hinterkopf trug. Ihre Hände waren faltig und erzählten die Geschichte von harter Arbeit im Garten und auf dem Acker. Ihr war es sehr peinlich, dass es zum Geburtstag eine Torte gab, der Tisch besonders schön gedeckt und mit Blumen geschmückt war und ihr so viele für sie fremde Menschen gratulierten. Sie war eine bescheidene Frau und sehr gläubig. Jeden Sonntag wollte sie zum Gottesdienst in die nahe gelegene Kirche gebracht werden. Den jungen Pfarrer mochte sie sehr gerne und pflegte zu sagen: »Ich habe keine Angst vor dem Sterben. Wenn es so weit ist, dann wird mich der Herrgott zu sich holen!« Trotzdem hätte sie in ihrem Leben vieles ganz anders gemacht und in ihrer Biografie gab es einen unangesprochenen »dunklen Fleck«, weit in der Vergangenheit zurückliegend, der sie vor ihrem Sterben stark belastete.

Frau Anna war im Alter von 70 Jahren ins Heim gekommen, unfreiwillig. Obwohl sie schon lange dort wohnte, fühlte sie sich oft sehr fremd und war mit den Gepflogenheiten noch immer nicht vertraut. Sie erkannte auch das Pflegepersonal, das sich schon seit Jahren um sie kümmerte, nicht immer. Die alte Frau hatte zuvor alleine in ihrem

Elternhaus gelebt, das von einem großen Garten und einer Streuobstwiese umgeben war. In der Nachkriegszeit hatte sie den steigenden Bedarf an Nahrungsmitteln in Städten erkannt und begonnen, in ihrem Garten Gemüse, Salat, Beeren und Obst anzubauen. Mit einem schweren Rucksack war Frau Anna täglich, außer am Sonntag, mehr als drei Stunden in die nächstgelegene Stadt marschiert und hatte dort ihre Produkte verkauft. Mit steigender Mobilität ihrer Kunden wurde sie zur Selbstvermarkterin ab Hof und die Leute kamen regelmäßig und gerne zu Frau Anna, um frisches Gemüse, Blumensamen, Marmelade und vieles mehr einzukaufen. So kam sie zu bescheidenem Wohlstand und da sie kaum Ausgaben hatte, verfügte sie auch über Ersparnisse. Sie blieb trotz ihrer lukrativen Marktstrategien und ihres unerschöpflichen Ideenreichtums sehr unzugänglich und hatte keinerlei Kontakt zu ihren Nachbarn. Diese wussten nur, dass Frau Anna keine Familie mehr hatte. Ihre Eltern waren von der Gestapo verschleppt worden, der Vater sei angeblich ein Widerstandskämpfer gewesen und beide überlebten die Haft nicht. Eine jüngere Schwester hatte sich in den 1950er-Jahren das Leben genommen, indem sie sich im nahe gelegenen Fluss ertränkte.

So lebte Frau Anna unbehelligt in ihrem Häuschen bis zu jenem Tag, als ein Mitarbeiter des örtlichen Energieunternehmens den Stand ihres Stromzählers ablesen wollte. Frau Anna war mittlerweile sehr misstrauisch und abweisend geworden und ließ den Mann nicht hinein. Dieser hatte bereits Erfahrung mit bissigen Hunden und alten Leuten, die ihm den Zutritt zu Haus und Hof verweigerten. Bislang war es ihm immer gelungen, die Notwendigkeit dessen überzeugend vorzutragen, nur bei Frau Anna hatte er keine Chance. Damit setzte für die alte Frau eine Entwicklung ein, die sich nicht mehr aufhalten ließ. Die Gesundheitsbehörde und das Sozialamt wurden auf sie aufmerksam und eine Mitarbeiterin des Sozialamts wollte mit ihr sprechen, der sie ebenfalls mit Misstrauen begegnete und verbot, einen Blick in ihr Haus zu werfen, was für sie Heiligtum und Zufluchtsort gleichermaßen war.

Die Polizei machte – wie in solchen Fällen immer – kurzen Prozess. Frau Anna kam ins Pflegeheim und das Haus wurde abgeschlossen. Da die alte Frau über keine Altersvorsorge verfügte, wurde das Anwesen verkauft und mit dem Erlös ihr Lebensabend im Heim finanziert. Frau Anna hatte große Sehnsucht nach ihrem Zuhause und riss sooft sie konnte vom Pflegeheim dorthin aus. Nachbarn oder die Exekutive brachten die alte, unglückliche Dame immer wieder zurück ins Heim. Bald schon war sie zu verwirrt, um ihr Haus überhaupt noch zu finden, und später unternahm sie keine Ausflüge mehr, sondern zog sich zurück und reagierte mit Misstrauen und Ablehnung auf ihre Umwelt.

Um ihr den Aufenthalt zu erleichtern, bekam Frau Anna ihren eigenen kleinen Blumen- und Gemüsegarten. Das war leicht zu bewerkstelligen, denn das Seniorenzentrum liegt in einem riesigen Park mit angrenzendem Auwald. Dort fand sich rasch eine schöne, sonnige Ecke unweit einer Wasserleitung, die umgepflügt und mit einem niedrigen Zaun versehen in »Annas Gartentraum« umgewandelt wurde. Die alte Frau nahm mit großer Ernsthaftigkeit dieses Angebot an und verwandelte ihr Stückchen geliehene Erde in ein wahres Paradies. Im Frühjahr gab es dort den ersten Vogerlsalat (Rapunzel) und später den nach Knoblauch duftenden Bärlauch. Sie baute verschiedenste Salatsorten an und vor allem viele Küchenkräuter. Natürlich gab es auf diesen wenigen Quadratmetern auch Blumen in besonders bunter Auswahl. Unter große Sonnenblumen mischten sich dunkelrote Bonbondahlien, weiße Margeriten und lilafarbene Astern kämpften mit Lupinen um die Vorherrschaft im kleinen Garten. So war Frau Anna immer wieder damit beschäftigt, ihre Blumen und Pflanzen auszudünnen, indem sie die Knollen und Wurzeln mit großer Freude an andere Gartenliebhaberinnen verschenkte. Es freute sie, wenn ihre Gartenschätze anderswo weiterwachsen konnten. So kamen Bärlauch und Lupinen auch in meinen Garten und erinnern mich jedes Jahr an die Begegnung mit ihr. Leider dauerte das Gartenvergnügen von Frau Anna nur wenige Jahre, denn ihr Zustand verschlechterte sich so sehr, dass sie das Haus nicht mehr verlassen konnte.

In dieser Zeit begann sie, in ihrer großen schwarzen Tasche alle möglichen Dinge zu horten: Toilettenpapierrollen, Servietten, Frühstücksbrötchen, Seife ... Diese Tasche hielt sie fest an den Körper gepresst und es schien, als hätte sie darin ihre gesamte Persönlichkeit und ihr ganzes Leben gepackt. Sie war in großer Angst, die Kontrolle über sich selbst und ihren Körper vollständig zu verlieren. Das Pflegepersonal führte einen regen Tauschhandel mit Frau Anna, sodass sie ihm die verschimmelten Lebensmittel überließ und dafür einen saftigen Apfel oder ein frisches Taschentuch in Empfang nahm. Gemeinsam mit der Betreuerin ging sie immer wieder ins Bad, um Toilettenpapier und Seife zurückzubringen, so hatte sie in ihrer Tasche ständig Platz für Neues. Diese große schwarze Handtasche war jedoch im Nu wieder gefüllt mit allerlei Krimskrams, den sie irgendwo aufgestöbert hatte.

Die (wieder)gefundene Tochter

An das Pflegeheim grenzt ein Gebäude, in dem Senioren mit jungen Menschen wohnen, die eine Pflegeausbildung machen oder eine Sozialschule absolvieren und im Heim ein Praktikum machen. Die Pflegedienstleiterin ist sehr mutig und nimmt gerne junge Leute auf, die aufgrund ihres Aussehens oder ihrer Hautfarbe nicht so leicht eine Stelle finden, wo sie die nötigen Erfahrungen sammeln können. Es hat sich bewährt und die alten Menschen sind viel toleranter, als man glauben möchte. So hat ein junger Mann mit grellgrün-blauem Irokesen die Herzen der alten Damen durch seine liebevolle und sensible Art im Nu erobert – der erklärte Liebling einer ganzen Station. Sie sehen in ihm ihren Enkel, der nur ganz selten auf Besuch kommt. Sie »adoptieren« kurzerhand fremde junge Menschen, denen sie dann ein wenig Liebe schenken können. Eine schöne Sache, ein gegenseitiges Geben und Nehmen.

Die angehenden Praktikantinnen und Praktikanten erhalten von mir in einer eintägigen Fortbildung wichtige Informationen über den praktischen Umgang mit verwirrten alten Menschen und worauf sie ganz besonders achten müssen. Sie haben in der Schule viel Theorie vermittelt bekommen, sind aber das erste Mal mit der Praxis konfrontiert und haben meist überhaupt keine Ahnung davon, was da auf sie zukommen kann. In einer dieser Gruppe befand sich Nancy, eine zauberhafte dunkelhäutige Schönheit. Ihre Eltern waren aus Mali geflüchtet und hatten die schwierigen Hürden des Asylrechts überwunden und mittlerweile die österreichische Staatsbürgerschaft. Nancy hatte bereits Wurzeln geschlagen, sie sprach den hiesigen Dialekt, bloß ihre Hautfarbe war anders. Viele alte Menschen fürchten sich vor Fremden, weil ihnen schon als kleines Kind Angst vor dem »schwarzen Mann« oder »Zigeunern« gemacht worden ist. Durch ihre Erfahrung mit den Russen während der Besatzungszeit manifestierten sich bei ihnen Vorurteile eher. Ich wusste nicht, wie die alten Frauen und Männer auf die liebenswerte junge Nancy mit den vielen bunten Zöpfchen reagieren würden.

Alle Gedanken und Sorgen, die wir uns im Voraus gemacht hatten, waren unbegründet. Die alten Menschen machten überhaupt keinen Unterschied zwischen »Schwarz und Weiß«, Nancy wurde von manchen sehr herzlich, von anderen wiederum distanziert aufgenommen. Im Grunde ihres Herzens sind Bewohner immer glücklich, wenn sie Aufmerksamkeit bekommen, sich jemand um sie kümmert, sie berührt oder mit ihnen spricht. Dadurch wird die Spirale der Einsamkeit durchbrochen, wobei Hautfarbe oder Aussehen keine Rolle spielt. Interessant war für mich das Verhalten von Frau Anna, die sich ja sehr zurückgezogen hatte und anderen misstrauisch aus dem Weg ging. Sie lebte ganz in ihrer eigenen Welt, die große schwarze Handtasche fest an sich gepresst. Bei ihr hatte ich am ehesten Ablehnung und Angst vor Nancy vermutet, aber genau das Gegenteil war der Fall. Die alte Frau klammerte sich geradezu an das junge Mädchen und begann wieder zu sprechen. Wenn die beiden den Gang auf und ab gingen, schmiegte sich Frau Anna, die sich bei Nancy eingehängt hatte, ganz eng an sie und wollte deren Hand gar nicht mehr loslassen. Jahrelang hatte sie zum Pflegepersonal immer wieder gesagt: »Wenn ich noch einmal jung wäre, würde ich alles ganz anders machen!« Auf die Frage, was sie denn »so ganz anders« machen würde, zuckte sie immer nur die Achseln und ging schweigend davon.

Nun hatte sie endlich eine Partnerin gefunden, der sie ihre Lebensgeschichte erzählen konnte, und Nancy war jedes Mal sehr berührt, wenn sie zu mir kam und von ihren Erlebnissen mit Frau Anna erzählte. Diese Gespräche waren für die Schülerin und angehende Sozialarbeiterin wichtig, um Belastendes loslassen zu können und manchmal mehr Verständnis für bestimmte Aussagen der alten Frau zu entwickeln. Ich wurde zu Nancys Vertrauter und war gleichzeitig beobachtende Außenstehende der Beziehung zwischen den beiden Frauen. Mosaikstein um Mosaikstein setzten wir im Gespräch gemeinsam zusammen, um ein facettenreiches Bild voll heller und auch düsterer Farben ihres Lebens zu erhalten. Vieles blieb im Dunkeln, anderes konnte von ihr selbst ans Tageslicht gebracht werden. Ein halbes Jahr nach der ersten Begegnung mit dem Mädchen starb die alte Frau eines Nachts. Sie ist ruhig eingeschlafen und am nächsten Morgen einfach nicht mehr aufgewacht. Da es keine Verwandten gab, durfte Nancy aktiv an der Gestaltung des Begräbnisses durch die Heimleitung mitwirken. Ich glaube, sie kümmert sich noch heute um das schlichte Grab von Frau Anna.

»Warum bin ich nicht nach Amerika ausgewandert?«

Die stille und wenig selbstbewusste Frau Anna wäre in jungen Jahren gerne nach Amerika ausgewandert. »Ich habe mein ganzes Leben lang gespart und gedacht, nächstes Jahr ist es so weit und ich kann nach Amerika fahren. Dann hat mir aber der Mut dazu gefehlt und es verging wieder ein Jahr«, vertraute die alte Frau der jungen Nancy

an. Diese Sehnsucht nach der »großen, neuen Welt« hatte einen kon-
kreten Hintergrund: Sam, ein junger GI, der während der Besatzungszeit das Herz von Anna erobert hatte. So schüchtern die Frau auf uns
gewirkt hatte, so lebendig erzählte sie von wunderbaren Tanzabenden
mit Jazzmusik und von der Großzügigkeit ihres amerikanischen Freun-
des, der ihr das erste Paar Seidenstrümpfe schenkte und sie vor allem
mit Pralinen und Blumen verwöhnte. Wenn sie von ihrem Geliebten
erzählte, leuchteten ihre Augen und es war, als würde vor Nancy ein
ganz anderer Mensch sitzen, nicht gebeugt vom Alter und geprägt von
Einsamkeit, sondern eine lebenslustige Frau voller Träume und Hoffnungen. Als Nancy nachfragte, was aus Sam geworden sei, verdüsterte
sich das Gesicht von Frau Anna, sie wurde traurig und einsilbig. »Na,
weggegangen ist er über Nacht. Aber ich glaube nicht, dass er mich
freiwillig hat sitzen lassen. Ich habe ihn überall gesucht, aber niemand
konnte mir sagen, wo er hin ist. Deshalb wollte ich ja nach Amerika,
um mit ihm zusammen zu sein, denn hier hatte ich eigentlich gar keine
Zukunft. Sie haben mich als Ami-Hure beschimpft und einmal bin ich
sogar von einer Frau angespuckt worden!« Kein Wunder, dass sich Frau
Anna angesichts dieser Erfahrung eingeschlossen und auf ihre Umwelt
misstrauisch reagiert hatte.

Nancy hatte während ihres Praktikums und auch danach, wenn sie
Frau Anna zweimal in der Woche besuchte, immer das Gefühl, die
alte Frau trage schwer an einer weiteren nicht verarbeiteten Verletzung
ihres Innern. Doch so sehr sie sich auch bemühte, Anna schwieg eisern
und zog sich ganz in ihre Erinnerungswelt zurück. Am meisten freute
sie sich, wenn Nancy ein Lied aus dem Land ihrer Eltern sang. Auch
wenn sie die Worte nicht verstehen konnte, wiegte sich Frau Anna zur
Melodie nach rechts und links, manchmal auch nach vorne und nach
hinten. Es war, als würden beide Frauen unabhängig voneinander und
doch auf eine ganz bestimmte Art und Weise vereint eintauchen in eine
Welt voll Harmonie und Gleichklang. Das Gesicht der alten Frau war

in solchen Momenten völlig entspannt und fast faltenlos, sie wirkte glücklich und sehr gelöst.

Wenige Tage vor ihrem Tod kam die ganze tragische Geschichte von Frau Anna ans Tageslicht. Von Weinkrämpfen geschüttelt, erzählte sie Nancy von ihrer Tochter Susanna. Auch das Kind hatte sie wie ihren Sam verloren, denn es war ihr weggenommen worden. Frau Anna krallte ihre Nägel in Nancys Hand und es war, als wollte sie die junge Frau festhalten und nie wieder loslassen, als hätte sie »ihr« Kind wiedergefunden. Die Lebensbeichte der verwirrten alten Frau mutete sehr seltsam an, Nancy verstand auch nur Bruchstücke, sodass uns die Tragweite des Erlebten damals nicht bewusst wurde. Erst als der Heimverwalter im Kleiderschrank von Frau Anna ein gut verstecktes vergilbtes Kuvert fand, ging mir ein Licht auf. Darin befanden sich zwei abgegriffene Schwarz-Weiß-Fotos von schlechter Qualität. Das eine zeigte das Gesicht eines ernst in die Kamera blickenden farbigen jungen Mannes. Auf die Rückseite hatte er geschrieben: »In Love, Sam«. Vom zweiten Foto lachte uns ein vielleicht zwei- bis dreijähriges Mädchen mit einem dunklen Lockenkopf entgegen. Damals verschlug es mir tatsächlich den Atem und ich war berührt und entsetzt zugleich, denn niemand von uns hätte auch nur im Geringsten geahnt, dass Frau Anna die Braut eines farbigen Besatzungssoldaten gewesen war und eine Tochter geboren hatte. Sie selbst hatte dieses Geheimnis bis ans Lebensende gehütet und erst dann in Ruhe sterben können, als sie einen Menschen fand, dem sie tiefes Vertrauen entgegenbringen konnte. Nancy, die dunkelhäutige Schönheit, war zur »Ersatztochter« für Frau Anna geworden, indem sie die alte Frau an ihre wohl schmerzhafteste Erfahrung ihres Lebens erinnerte. Gleichzeitig war es aber auch die einzige Möglichkeit, sich noch einmal das verschollene Kind, das sie sich jahrelang herbeigesehnt hatte, zu vergegenwärtigen, um es dann loslassen zu können und das eigene Leben in Ruhe abzuschließen, ohne Reue und ohne schmerzhaftes dunkles Geheimnis.

Fazit

Was wissen wir wirklich über die Erlebnisse jener alten Menschen, die wir begleiten oder die vielleicht sogar zu unserer Familie gehören? Sehr wenig, meist nur das, was sie uns irgendwann einmal selbst erzählt haben. Jeder Mensch »schreibt« seine eigene Biografie und bewertet Krisen und Lebensübergänge auf seine Art und Weise. Diese subjektive Wahrheit schließt manchmal auch das Unter-den-Teppich-Kehren schlimmer Ereignisse und belastender Situationen ein, weil sich der Mensch (im Augenblick) nicht damit befassen kann oder will. Vieles wird leider unter diesem Teppich vergessen und meldet sich im Alter, wenn das Erleben und das Erinnern weit auseinanderklaffen, hartnäckig zurück. Es klopft an die Tür und wartet darauf, angesprochen, angeschaut, abgeschlossen zu werden. Besonders jene Generationen, die im Krieg oder in der Nachkriegszeit aufgewachsen sind und darunter gelitten haben, neigen dazu, verdrängte alte Geschichten so lange zu verschweigen, bis Alzheimer und Demenz sie nochmals und dann immer wieder zwingen, diese Situationen zu durchleben, ehe sie sterben können.

Vielleicht ist gerade heute der richtige Zeitpunkt, den alten Menschen Fragen zu ihrer Lebensgeschichte zu stellen, die auch unsere Identität bestimmen kann.

- Was hat meine Mutter damals tatsächlich erlebt?
- Wie hat es mein Vater geschafft zu überleben?
- Wen vermisst sie noch immer?
- Wer hat sie verlassen?
- Wem konnte er vertrauen?
- Was ist aus den Menschen von damals geworden?
- Gibt es ein Familiengeheimnis?
- Was ist tatsächlich geschehen?

- Welche vergessenen Erlebnisse ruhen noch immer unter dem Teppich des Verdrängens?

Frau Anna ist ein Beispiel dafür, dass es nie zu spät ist, jemanden ins Vertrauen zu ziehen, um die Schatten der Vergangenheit abzustreifen und wieder Licht am Ende des Lebens zu sehen. Wünsche und Illusionen begleiten jeden Menschen bis ins Alter und drängen auf Erfüllung. Wenn ich wieder auf Besuch im Pflegeheim gewesen bin und gespürt habe, wie anders, nämlich langsam, die Zeit dort vergeht, stelle ich mir immer wieder aufs Neue diese Fragen:

- Wie möchte ich meinen Lebensabend verbringen?
- Was habe ich davor noch zu erledigen?
- Was möchte ich noch erleben?
- Welche Wünsche und Träume möchte ich mir erfüllen?
- Welchen Menschen kann ich absolut vertrauen?

Ich habe auch eine kleine »Schatzkiste der Erinnerungen« angelegt, in der sich Dinge befinden, die mir heute wichtig sind: ein Stoffteddy aus der Kindheit, Briefe aus der Jugendzeit, ein Briefbeschwerer, den mir jemand Besonderes geschenkt hat, Fotos von mir, meinen Eltern und vor allem von meiner eigenen Familie, Bilder von Reisen, die starke Eindrücke hinterlassen haben, Post- und Glückwunschkarten des laufenden Jahres, Steine und Muscheln von Ausflügen ans Meer, ein Armband, ein Herz aus Holz, ein bunter Schal. Der Inhalt dieser Schatzkiste ändert sich immer wieder, weil etwas Neues dazukommt, dafür kann ein anderes Stück verabschiedet werden. Dadurch bin ich gezwungen, mich ständig mit meiner eigenen Lebensgeschichte und Identität auseinanderzusetzen, und es gelingt mir, belastende Situationen oder traurige Geschichten loszulassen, damit ich wieder Kraft und Energie für neue Herausforderungen aufbringen kann.

Ich möchte bis an mein Lebensende keine Trauerberge angehäuft haben, die ich nicht mehr bewältigen kann, weil es dazu schon zu spät ist!

Ich möchte meine Träume gelebt haben, damit ich nicht verbittert und voller Wehmut am Ende meines Lebens zurückblicken muss in eine Vergangenheit, die unwiderruflich vorbei ist!

Auch für alte Menschen lohnt es sich, Erinnerungskisten oder Koffer zu packen mit Dingen, die Gefühle zum Klingen bringen und die Fantasie anregen. Frau Anna konnte aufgrund ihrer Lebensumstände mit dem, was sie behalten hatte, bis ins hohe Alter noch etwas »anfangen«: eine Handbürste, ein Einweckglas, ein Geschirrtuch, ein Gurkenhobel, ein Kochlöffel, eine Lebensmittelkarte, Bonbons, eine Packung Nudeln, ein Kopftuch, eine Kleiderschürze, Seife, Waschhandschuh, ein Handtuch. Biografische Erinnerungsspuren hinterlassen auch Gerüche und Speisen – vor allem das, was früher am Sonntag gekocht und gegessen wurde, ist trotz Verwirrtheit noch immer sehr präsent. Es lohnt sich und ist interessant, die alten Kochrezepte, Hausmittelchen, Liedtexte und Geschichten zu sammeln und aufzuschreiben, wie überhaupt alle Gespräche über das Früher und das Gestern dazu beitragen, unseren Horizont zu erweitern. Zeitgeschichte und von Zeitzeugen zu lernen sind eine Bereicherung, auch wenn in der Erinnerung das eine oder andere schon verloren gegangen ist.

NACHBETRACHTUNG

Die Lebensgeschichte von Frau Anna hat dazu geführt, dass ich zu recherchieren begann und mich mit der Zeit der Besatzung intensiv auseinandergesetzt habe. Tatsächlich wurden in Österreich wie in Deutschland viele Kinder farbiger GIs geboren, die gleich mehrfach stigmatisiert waren – einmal wegen der illegitimen Geburt, aber auch wegen ihrer Hautfarbe, die ihre »fremde Abstammung« deutlich machte. Für das Gros der Fälle war die soziale und emotionale Tragödie bereits vorprogrammiert. Der Versorgungsdruck überforderte die oftmals jungen, ledigen Mütter, deren Familien ihnen den notwendigen Rückhalt verweigerten, und die Angehörigen der US-Armee durften sich nicht zur Vaterschaft bekennen und mussten dadurch keine Alimente zahlen. Die Kinder landeten bei Pflegeeltern oder in Heimen. Für die zuständigen Behörden der Nachkriegsregierungen stellten die Besatzungskinder eine gesellschaftliche wie finanzielle Belastung dar, derer man sich so rasch wie möglich zu entledigen versuchte, indem die Kinder per Flugzeug nach Amerika verfrachtet wurden, um dort von farbigen Familien adoptiert zu werden.

Besonders bitter war es für jene »Brown Babies«, die bereits fünf oder sechs Jahre alt waren, als sie von Österreich oder Deutschland in die USA geschickt wurden. Die Erinnerung an die eigene Mutter und die Heimat ist in dem Alter schon ausgeprägt, und so sehnten sie sich zeit ihres Lebens nach ihren Wurzeln und waren daher immer auf der Suche nach ihrer »echten Mutter« und ihrer »richtigen Abstammung«. Die Mütter dieser Kinder werden im Alter von Bildern und Ereignissen der Vergangenheit heimgesucht und leiden darunter. Sie rufen ihre Kinder dann beim Namen und fangen an, sie zu suchen, obwohl sie oft jahrzehntelang kein einziges Wort, nicht einmal ihren Familien und späteren Kindern gegenüber, von ihnen erzählt haben. Sie werden darüber unglücklich und aggressiv, belastet von Gefühlen der tiefen Trauer und Schuld. Manchmal ist die Last der Erinnerung so drückend und schwer, dass ein Loslassen nur schwer möglich ist. Oft hilft es, wenn die betroffenen alten Frauen eine Babypuppe im Arm halten können, die sie wiegen und für die sie sich verantwortlich fühlen. Selbst sehr aggressive Frauen werden dadurch ganz friedlich und sanft, wenn sie »ihr« Baby im Arm halten, wobei es keine Rolle spielt, dass es sich nur um eine Puppe handelt. Im Falle von Frau Anna hätte es wahrscheinlich eine schwarze Baby-Puppe sein müssen, die ihr geholfen hätte, ihr inneres Gleichgewicht herzustellen und mit den dunklen Schatten der Vergangenheit abzuschließen.

Was wir daraus lernen können?

Zum richtigen Zeitpunkt die richtigen Fragen zu stellen.

Aber was wohl noch wichtiger ist, sind jene Strategien, die die (Nach)Kriegsgeneration entwickelte, um zu überleben.

- Wie schafft man es, wieder hochzukommen, wenn man am Boden liegt und alles um einen herum zerstört ist?
- Wie viel Kraft und Klugheit benötigt man dazu?
- Auf welche Stärken kann man bei sich selbst setzen?

Es gibt wohl kein Patentrezept, aber es wohnt in uns allen eine ureigene Kraft, die uns hilft, auch in Krisen und schwierigen Situationen zu überleben. Nützen wir unsere Ressourcen und setzen wir unsere Fähigkeiten und Talente geschickt ein, um auf der Sprossenleiter unseres Lebens gut vorwärtszukommen. Die Alten haben es uns vorgelebt, bald sind wir an der Reihe, es den Jungen von heute zu zeigen. Dieser Kelch geht an keinem von uns vorüber.

Ein kleiner Baum braucht gute Bedingungen für seine Entwicklung

Jeder Baum, und sei er noch so groß, mit einer mächtigen Krone und starken Wurzeln, war einmal ein kleiner Trieb, entstanden aus einem Samenkorn, das auf fruchtbaren Boden fiel. Eine kleine Pflanze braucht gute Bedingungen wie Sonnenstrahlen, genügend Wasser und Schutz vor Wildtieren, damit sie sich entwickeln kann. Selbst wenn ihr Standort nicht optimal ist, etwa große Bäume zu viel Schatten werfen, ist in ihr alles angelegt, was sie braucht, um später ebenso erhaben und mächtig, farbenprächtig und hochgewachsen zu sein wie die alten Bäume ringsum. Nicht alle Bäume gedeihen unter besten Bedingungen, sodass ihr Stamm schmal bleibt und sie kein weitverzweigtes Geäst ausbilden. Manche krümmen Schneemassen, andere bricht ein Sturm in der Mitte ihres Wachstums und ihrer Blüte entzwei. Es gibt Bäumchen, die vertrocknen, weil der Boden zu wenig Wasser und nicht ausreichend Nährstoffe enthält. Sie können keine kräftigen Wurzeln bilden, verkümmern und werden früher oder später umfallen.

Melanie, eine junge Studentin, von der in diesem Kapitel die Rede ist, war so ein kleiner, schlanker Baum, der für seine Entwicklung keine guten Lebensbedingungen vorfand. Sie litt an einer Essstörung und wurde von Tag zu Tag schwächer. Dessen ungeachtet war sie eine schöne Blume, vielleicht ein klein wenig geknickt, die sich nach Liebe und Anerkennung, nach Wärme und Geborgenheit sehnte. Ihr war es irgendwann nicht mehr möglich, das Leben mit all seinen Köstlichkeiten und Überraschungen in vollen Zügen mitzunehmen. Kulinarische Genüsse blieben ihr in ihren letzten Wochen und Monaten völlig versagt, denn so sehr sie sich auch bemühte, ihr Körper konnte keine Nahrung mehr aufnehmen.

Ausreichend zu essen und zu trinken braucht man zum Leben, etwas zu genießen ist hingegen eine Kunst, die zu höchstem Wohlgefühl führen kann. Während es früher zum guten Ton gehörte, einen »Anstandshappen« auf dem Teller liegen zu lassen, darf man heute alles aufessen, wenn es einem schmeckt und man »nur« Appetit hat. In asiatischen Ländern hingegen wird so lange nachgelegt, bis man einen Essensrest übrig lässt als Signal, dass man satt ist. Heutzutage ist es keine Schande, Speisen, die einem nicht schmecken oder zu üppig sind, abzulehnen, auch wenn man Gefahr läuft, vorwurfsvoll gefragt zu werden, ob es einem nicht geschmeckt hat. Früher war es anders, denn das, was auf den Tisch kam, wurde gegessen!

Genuss bereiten allerdings nur jene Dinge, die man nicht täglich zu sich nimmt, auf die man warten oder die man erst erobern muss. Dinge, die man sich nur hin und wieder gönnt oder die so rar sind, dass man sie herbeisehnt. Das Schlaraffenland, wo Milch und Honig in Strömen fließen, gebratene Tauben dem Esser in den Mund fliegen und Bratwürste auf den Zäunen wachsen, gibt es nur im Märchen. Zudem haben sich die Essgewohnheiten im Laufe der Jahrhunderte nachhaltig verändert, denn wer isst heute schon gerne gebratene Tauben? Als Köstlichkeiten werden gegenwärtig zum Beispiel Erdbeeren mit Schlagsahne, Zimtparfait oder einfach nur ein Stück dunkle Schokolade empfunden. Süße Sachen erinnern uns an die Kindheit, als es zur Belohnung ein Kaubonbon von Stollwerck, einen Schokoladenriegel von Bensdorp oder die beliebten rosarot verpackten »Manner-Schnitten« gab, wenn wir etwas gut gemacht hatten oder einfach nur brav gewesen waren.

Erwachsene müssen sich manchmal selbst belohnen, wenn sie etwas geleistet oder erfolgreich zu Ende gebracht haben. Das kann ein besonderes Essen oder das Lieblingsgetränk sein oder ein kleines Geschenk: Wann haben Sie sich selbst das letzte Mal etwas gekauft oder geschenkt, sich bei einem Ausflug entspannt oder an einem Opernbesuch erfreut? Gegenseitige Anerkennung und Wertschätzung können wir beispielsweise zum Ausdruck bringen, indem wir dem anderen Folgendes sagen:

- *»Ich brauche dich!«*
- *»Du bist mir wichtig!«*
- *»Ich wünsche dir alles Gute!«*
- *»Das hast du gut gemacht!«*
- *»Ich denke oft an dich!«*
- *»Du bist wunderbar!«*
- *»Ich wünsche dir Kraft und Zuversicht!«*

Schlank bis in den Tod

DER HILFERUF NACH LIEBE UND GEBORGENHEIT

Vorbetrachtung

Erinnern Sie sich noch an Twiggy? 1965 tauchte wie aus dem Nichts dieses blonde, spindeldürre, zarte Geschöpf mit den ausdrucksstarken Augen auf und wurde über Nacht zu einer Stilikone. Die damals 16-Jährige war das Gesicht der 1960er-Jahre (Swinging Sixties) und beeinflusste Generationen von jungen Frauen. Alle wollten genauso dünn sein wie sie (Twiggy ist abgeleitet von »twig«, der englischen Bezeichnung für einen schmalen Zweig) und eiferten mit Hungerkuren und Schlankheitspillen ihrem Ideal nach. Am Schönheitsideal »XX-Small« hat sich bis heute nicht viel geändert; viele Modelabels bedienen sich extrem dürrer Models, von denen sich das eine oder andere in den Tod gehungert hat. Ich denke dabei an die Französin Isabelle Caro, die am Ende bei 1,64 Meter Körpergröße gerade mal 31 Kilogramm wog. Gezeichnet vom bevorstehenden Tod und nur noch aus Haut und Knochen bestehend, ließ sie sich vom Starfotografen Oliviero Toscani im Krankenhaus fotografieren. Sie sah sich als Botschafterin gegen Anorexie (Magersucht) und wollte mit diesen erschreckenden Fotos aufrütteln. Die knapp 30-Jährige war bereits mit zwölf Jahren an Magersucht erkrankt und hatte sich viele Male nahe an den Tod herangehungert. Gestorben ist sie letztlich an einer Lungenentzündung, da ihr Körper keine Abwehrkräfte mehr entwickeln konnte. Twiggy hingegen wurde älter und reifer und legte auch an Gewicht zu. Neben ihrer Tätigkeit als Model war sie eine gefragte Schauspielerin und eine ausgezeichnete Sängerin.

Leider ist Magersucht heute kein Einzelphänomen. Immer mehr Mädchen und junge Frauen, aber auch Burschen, erkranken daran. Kein Wunder, denn die Werbung gaukelt uns tagtäglich vor, dass schlanke Menschen glücklicher und erfolgreicher wären. Gefährlich wird es, wenn schon vor dem Essen auf einen Appetitzügler zurückgegriffen und nach dem Essen gleich ein Abführmittel eingesetzt wird. Manche wollen möglichst schnell mithilfe extremer Hungerkuren – etwa nach Weihnachten oder vor Beginn der Urlaubssaison – eine »bikinigerechte Idealfigur« erzwingen. Jedes Hungern, egal ob langfristig oder vorübergehend, hat immer Auswirkungen auf Körper und Seele. Erst recht, wenn jemand nicht mehr als einen Apfel pro Tag zu sich nimmt.

Essstörungen sind jedoch nicht ausschließlich auf gesellschaftliche Verhaltensweisen und Muster zurückzuführen, sondern häufig auch eine Reaktion auf unbefriedigende Lebensumstände oder Ausdruck eines gestörten Verhältnisses zum eigenen Körper und in jedem Fall ein seelischer Hilferuf. Ganz besonders betroffen ist die Altersgruppe der 15- bis 25-jährigen Frauen wie Männer. Magersucht ist eine ernst zu nehmende Erkrankung und muss behandelt werden. Die Sterblichkeitsrate liegt bei 16 Prozent; die Todesursachen sind vor allem Herzversagen und Selbstmord.

Magersüchtige Menschen beschäftigen sich unentwegt mit dem Essen, ihr ganzes Denken und Handeln sind daran ausgerichtet. Das führt zu einer völlig gestörten Körperwahrnehmung: Obwohl die Betroffenen bereits dünn sind, fühlen sie sich dick und fettleibig. Sie bekommen Depressionen und erleben Gefühle der Ohnmacht und Hilflosigkeit, fühlen sich unverstanden und hungern noch mehr, weil sie glauben, das würde ihr Selbstwertgefühl stärken und ihnen Anerkennung verschaffen. Dadurch sind sie zunehmend sozial isoliert, sie kapseln sich ab und ziehen sich immer mehr zurück. Zusätzlich verordnen sie sich ein strenges Bewegungs- und Sportprogramm, wodurch sie einen großen Teil der Energie wieder verbrauchen. Diese übertriebene körperliche Anstrengung setzt dem Körper zusätzlich zu und die Betroffenen wirken rastlos und getrieben, sie überfordern sich täglich und gehen auch über ihre Grenzen hinaus, um sich selbst ein wenig zu spüren. Anorektiker können nicht mehr normal essen. Sie teilen ihr ganz genau abgewogenes Essen in kleinste Häppchen und kauen jeden Bissen x-mal, bevor sie ihn hinunterschlucken. Während eine gesunde Frau täglich etwa 1800 bis 2200 Kilokalorien zu sich nimmt, schränken sich Magersüchtige auf 100 Gramm Spargel pro Tag ein, weil sie Angst haben, auch nur ein einziges Gramm zuzunehmen. Sie entwickeln geradezu panische Ängste vor dem Dickwerden. Auch ihr Trinkverhalten ist nicht normal; so werden literweise Diätlimonade und Unmengen an Tee getrunken. Damit das Hungergefühl nicht zu stark wird, trinken sie Kaffee und kauen exzessiv Kaugummi.

Magersüchtige verlieren auch ihren emotionalen Zugang zur Familie und verhalten sich zwanghaft, sie treiben immer mehr Sport. Ihre Idole, denen sie nacheifern, suchen sie in Internetforen, sie orientieren sich an extrem schlanken Models oder Schauspielerinnen und verstärken so den Druck auf sich selbst. Meiner Meinung nach ist es der unbefriedigte Hunger nach Anerkennung, Liebe und Geborgenheit, der Menschen an Magersucht erkranken lässt. Viele von ihnen haben problematische frühkindliche Erfahrungen gemacht oder sind in einem schwierigen familiären Umfeld aufgewachsen. Für Jugendliche ist es heutzutage nicht leicht, die eigene Identität zu finden und sich vor allem während der Pubertät von der Mutter abzugrenzen, die vielleicht selbst Schwierigkeiten mit Übergewicht oder dem Älterwerden hat.

Zu dick oder zu dünn?

Ob jemand zu dick oder zu dünn ist, lässt sich leicht anhand des Body-Mass-Index (BMI) feststellen. Der BMI bezieht sich auf das Körpergewicht (Masse) dividiert durch das Quadrat der Körpergröße. Die Formel lautet: Masse : Größe^2. Ein konkretes Beispiel dafür: Jemand wiegt 70 Kilogramm und ist 165 Zentimeter groß. Der BMI errechnet sich aus 70 : (1,65x1,65) = 25,7. Ein BMI von 25,7 bedeutet für Frauen, dass sie bereits die Grenze vom Normal- zum Übergewicht erreicht haben. Männer haben einen höheren Anteil an Muskelmasse, daher fällt in ihrem Fall ein BMI von 25,7 noch unter Normalgewicht. Starkes Untergewicht liegt bei Frauen vor bei einem BMI von weniger als 16. Von Untergewicht spricht man bei einem BMI von 16 bis 18,5, von Normalgewicht, wenn der BMI zwischen 18,5 und 25 liegt. Im Bereich von 25 bis 30 geht man von Übergewicht und darüber hinaus von Fettleibigkeit aus. Entwickelt vom belgischen Mathematiker Adolphe Quetelet, wurde die Bezeichnung »Body-Mass-Index« erstmals in einem 1972 veröffentlichten Artikel von Ancel Keys verwendet, der ihn allerdings nur für den statistischen Vergleich empfahl. Der BMI war aber sehr bald in aller Munde, nachdem die US-amerikanischen Lebensversicherer ihn zur Grundlage nahmen, um die Höhe der Prämie für Lebensversicherungen zu berechnen. Auch die WHO (Weltgesundheitsorganisation) arbeitet mit diesem Index. Es gibt aber noch andere Indizes wie das Taille-Hüfte-Verhältnis oder das Taille-Größe-Verhältnis, um Über- oder Untergewicht festzustellen.

»Ich war kein Lieblingskind!«

Melanie, eine 20-jährige Studentin, kämpfte sehr gegen ihre Magersucht an und haderte mit ihrem Schicksal. Anstatt ihr zweites Semester Pädagogik und Germanistik zu beenden – sie wollte unbedingt Lehrerin werden –, lag sie zusammengekauert in Embryohaltung im Krankenhausbett. Sie wog knapp 34 Kilo bei einer Körpergröße von fast

1,70 Meter. Melanie war stark untergewichtig und wurde über eine Magensonde und mittels Infusionen zwangsernährt. Sie hatte dem selber zugestimmt, da es ihr trotz psychotherapeutischer Begleitung nicht gelungen war, wenigstens ein paar Kilo zuzunehmen. Beim Blick in ihr Gesicht, das nur noch aus hervorstehenden Wangenknochen und großen, dunklen Augen zu bestehen schien, konnte man erahnen, wie hübsch sie eigentlich war. Die blonden Haare hingen in dünnen Strähnen hinab und sie bot einen sehr traurigen Anblick. Die Krankheit hatte sie derart geschwächt, dass sie das Bett gar nicht mehr allein verlassen konnte.

Die ersten Lebensjahre war Melanie von ihren Eltern sehr verwöhnt und mit Spielzeug und Geschenken überhäuft worden. Dann waren im Abstand von mehreren Jahren ihre beiden Brüder Tom und Chris zur Welt gekommen. Von da an war das Mädchen nicht mehr der alleinige Mittelpunkt der Familie gewesen und hatte seinem Alter entsprechend mit Aggression und Regression reagiert. Die Mutter hatte das Baby Tom nicht aus den Augen lassen können, denn Melanie schlug mit ihren kleinen Händchen darauf ein oder versuchte, es zu beißen. Das Mädchen fühlte sich plötzlich ungeliebt und hatte das Gefühl, der Bruder würde von den Eltern bevorzugt werden. Auch wenn sich diese redlich bemühten, ihre zwei Buben und die Tochter nach gleichen Maßstäben zu erziehen und alle gleich sehr zu lieben, fühlte sich Melanie als Außenseiterin der Familie.

Melanie hatte erzählt, dass sie sich nur an Konflikte und Streitereien mit ihren Eltern erinnern könnte. Der Vater war streng und sie hatte abends nie ausgehen und auch keine Freundinnen mit nach Hause bringen dürfen. Alles war akribisch kontrolliert und kleinste Verfehlungen bestraft worden. So hatte es Belohnungen für gute Schulnoten gegeben, umgekehrt hatten schlechte Bestrafungen zur Folge gehabt wie Fernsehverbot oder kein Kuchen zum Nachtisch. Melanie hatte auf diesen vermeintlichen Liebesentzug trotzig und jähzornig reagiert, zudem wurde eine ungeahnte Zerstörungswut bei ihr freigesetzt. So hatte sie mit einer Rasierklinge die Fensterscheibe in ihrem Zimmer zerkratzt und Löcher in die Vorhänge geschnitten. Mit einer brennenden Kerze hatte sie ihre Stirnfransen angesengt und später begonnen, Schlitze in ihre Jeans zu schneiden und sich an den Händen und Beinen zu ritzen.

Je strafender und strenger die Eltern reagiert hatten, desto trotziger verhielt sich Melanie. So schloss sie sich stundenlang in ihrem Zimmer ein und wollte nicht mehr an den gemeinsamen Mahlzeiten am Küchentisch teilnehmen. Wenn sie unter Drohung dann doch kam, kaute sie auf dem Fleisch so lange herum und behielt es im Mund, bis sie »Hamsterbäckchen« hatte. Dem Vater war öfter die Hand ausgerutscht; er hatte für die heranwachsende Tochter nur schwer Gefühle entwickeln oder Verständnis aufbringen können. Später sagte er, dass er sich mit den Jungs leichter getan und lieber Fußball gespielt hätte oder mit ihnen durchs Haus getobt war, als sich mit den Problemen von Melanie zu beschäftigen. Das Verhältnis zwischen Mutter und Tochter war ebenfalls des Öfteren sehr angespannt gewesen. Die Mutter hatte gewollt, dass Melanie ein Vorbild für ihre Brüder ist und sich um sie kümmert, während sie selbst gerne und regelmäßig zur Kosmetikerin oder einfach nur shoppen gegangen war. Sie war eine gepflegte Frau, die mit allen Mitteln versuchte, die ersten Anzeichen des natürlichen Alterungsprozesses hinauszuzögern. Dafür legte sie sich sogar unter das Messer eines Schönheitschirurgen. Irgendwann hatten die Eltern begonnen, getrennte Wege zu gehen, und auf Melanies schmalen Schultern lastete sehr viel Verantwortung ihren Brüdern gegenüber.

Melanie war 15 Jahre alt, als sie ihre Magersucht nicht mehr verheimlichen konnte. Sie fühlte sich permanent unter Druck gesetzt und konnte sich einfach nicht davon befreien. Es dauerte lange, bis ihrer Umgebung auffiel, dass mit ihr etwas nicht stimmte. Melanie wurde dünner und dünner, verweigerte das Essen bald vollständig und wurde anfänglich noch dafür bestraft, ehe sich die Eltern entschieden, beim Hausarzt vorzusprechen. Zwar wurde ihr eine Therapie verordnet, doch diese brachte keinen Erfolg, da sich an Melanies Gefühlen und Empfindungen nichts änderte. Sie wollte um jeden Preis die Beste in der Klasse sein und bestrafte sich mit Essensentzug jedes Mal selber, wenn ihr dies misslang. Sie mochte ihre Brüder gerne und wollte ihnen auch unbedingt ein »leuchtendes Vorbild« sein, doch die heranwachsenden Buben sahen in ihr häufig nur die »strenge große Schwester«, der man einen Streich spielen musste.

Es folgten mehrere Krankenhausaufenthalte und Melanie musste eine Klasse wiederholen, was auch nicht gerade zur Stärkung ihres Selbstwertgefühls beitrug. So schleppte sie sich über Jahre hinweg von einer Therapie zur nächsten und wurde immer dünner. Irgendwann ging es so nicht mehr weiter und Melanie musste stationär aufgenommen werden. Ihr Leben hing nur noch am berühmten »seidenen Faden«.

Unterwegs auf den Weltmeeren

Ich lernte Melanie über eine Ärztin kennen, die sie im Krankenhaus betreute. Nach einem Vortrag über die »kreative Kraft der Trauer« kam die Internistin zu mir und bat mich um ein persönliches Gespräch. Sie erzählte von einer magersüchtigen Patientin und dass es nur ganz schwer gelänge, mit ihr ins Gespräch zu kommen. Trotz psychotherapeutischer Betreuung igele sie sich immer weiter ein und es sei nicht möglich, an sie heranzukommen. Die Ärztin schilderte mir auch den Ernst der Lage und einen prüfenden Blick auf meine Figur werfend meinte sie, dass ich vielleicht die »richtige Person« wäre, um mit Melanie über ihre Gefühle und Gedanken zu sprechen.

Ich war zum damaligen Zeitpunkt extrem schlank, manchen war ich vielleicht sogar zu dünn. Das lag aber nicht an einer Essstörung, sondern ist wohl eher Veranlagung gewesen, da meine Mutter wie auch mein Vater schlank waren und erst im Alter einen leichten Bauchansatz gezeigt hatten. Ich konnte essen, was ich wollte, ich wurde damals einfach nicht dick, was mir sehr viel Neid seitens meiner Freundinnen einbrachte, die meinten, schon beim Anblick eines Stücks Schokoladenkuchen zuzunehmen.

Von den Hintergründen der Erkrankung von Melanie und deren Auswirkungen hatte ich nicht die geringste Ahnung und so ließ ich mich mehr oder weniger auf ein Abenteuer ein, das trotz aller Schwierigkeiten und ungelöster Probleme zu einem meiner schönsten wurde, auf die ich zurückblicke. Mit meiner heutigen Lebenserfahrung hätte ich mich damals wesentlich zurückhaltender verhalten und wäre vorsichtiger an die Sache herangegangen. Vielleicht war es aber auch gut, dass ich mich so unbedarft, ganz ohne Vorurteile und Vorabinformation in diese Begleitung begeben habe. Melanie mochte mich vom ersten Augenblick an und auch ich empfand sehr viel Wärme für diese junge Frau, die so ganz ohne Perspektive in dem großen, weißen Bett lag und eigentlich nur noch still und leise auf ihren Tod wartete.

Melanie hätte so gerne einen Segelkurs besucht, schon als kleines Mädchen hatten Segelboote sie geradezu angezogen. Stundenlang hatte sie fasziniert am Hafen großen und kleinen Schiffen beim Ein- und Auslaufen zusehen können. Sie hatte viele Bücher darüber gelesen und kannte die Unterschiede zwischen Windjammer, Küstensegler und Jachten ganz genau. Sie wusste über Seemannsknoten Bescheid und gebrauchte Begriffe wie Trosse, Stagsegel oder Brasse im entsprechenden Zusammenhang. Mit mir konnte sie leider nie so richtig fachsimpeln, denn ich war und bin ein sehr erdverbundener Mensch und bei aller Faszination, die Schiffe auch auf mich ausüben, brauche ich ruhigen Boden unter den Füßen. Schon beim Gedanken an den kleinsten Wellengang wird mir übel. Melanie erkannte sehr rasch, dass aus mir wohl nie ein »Marsgast«, ein Vollmatrose werden würde. Trotzdem hatten wir unglaublichen Spaß bei unseren Fantasiereisen auf riesengroßen

Segelschiffen. Wir machten stundenlange Entdeckungsfahrten über das Meer, während das Leben an Land völlig in Vergessenheit geriet und die gefährliche Erkrankung keine Bedeutung mehr hatte. Ich hatte oft den Eindruck, Melanie wollte nirgendwo mehr ankommen, einfach immer weitersegeln, über die Wellen gleiten und den Wind spüren.

Auf der Abteilung für Innere Medizin und Psychosomatik bekam Melanie ein eigenes kleines Zimmer, wo sie allein sein konnte – vielleicht auch, damit die anderen Patientinnen die abgemagerte junge Frau nicht sehen mussten. Die Wände und sogar die Fensterscheiben waren mit Bildern von großen und kleinen Segelschiffen und Booten beklebt. Wir hatten gemeinsam mehrere Bildbände zerlegt, und so fanden unsere Treffen zwischen der Juan Sebastian de Elcano (ein Viermast-Toppsegelschoner), der Europa (ein zur Barke umgebautes ehemaliges Feuerschiff), der Esmeralda (Großsegler der Spanischen Marine) und noch vielen anderen Windjammern statt. Melanie wusste über alle eine kleine Geschichte zu erzählen, wobei es nicht wichtig war, ob sie der Wahrheit entsprachen oder nicht. Es ging vielmehr darum, einzutauchen in eine fremde Welt voller gefährlicher Erlebnisse und atemberaubender Abenteuer. Das eine oder andere »Seemannsgarn« wurde gesponnen, aber so ist es nun mal bei allen Geschichten, die erzählt werden.

Am liebsten wäre Melanie die ganze Zeit über gedanklich auf einem großen Windjammer gegen die Flut angesegelt, sie kreuzte innerlich Stunde um Stunde auf den Weiten des Meeres, trotzte ihm Meter um Meter ab. Es war ein Kampf ähnlich dem ihres Körpers, bei dem es darum ging, Gramm um Gramm zuzunehmen, was aber nicht gelingen wollte. Die Waage war unbarmherzig und ihre Anzeige täuschte nicht darüber hinweg – gnadenlos wie die Gezeiten der Meere, Ebbe und Flut kommen und gehen und haben ihren eigenen Rhythmus. Unsere Rollenverteilung war klar: Melanie war die Kapitänin und ich die Mitreisende. Sie bestimmte Richtung und Geschwindigkeit, entschied, welches Ziel wir anpeilten und wovon wir uns fernhielten, und ich begleitete sie dabei. Für mich war es Neuland, verunsichernd und bewegend zugleich. Die schönsten Abenteuer erlebt man im Kopf und in der Fantasie, was mir bei dieser Begegnung ganz besonders bewusst wurde.

Als ich eines Nachmittags zu ihr ins Zimmer kam, schien sie schon auf mich gewartet zu haben. Ohne etwas zu sagen, deutete sie mit dem Zeigefinger in Richtung Fenster. In dessen Mitte hatte bis gestern noch ein Bild der Luxusjacht Sea Cloud gehangen. Doch über Nacht hatte sich das Klebeband gelöst, die Aufnahme war nach unten gerutscht und das prachtvolle Schiff hing kopfüber. Während ich die Sea Cloud wieder auf Position brachte und neu befestigte, malten wir uns aus, wie wohl die Passagiere in ihren prachtvollen Suiten auf diesen Zwischenfall reagiert hätten.

»Melanie, stell dir vor, du würdest auf dieser Jacht eine Reise in die Karibik machen, nach Jamaika oder Tobago. Wen würdest du mitnehmen?«, fragte ich. Sie schwieg eine Zeit lang, dann sagte sie lächelnd zu mir: »Na, dich natürlich! Damit du dich an die raue See gewöhnst, nie mehr seekrank wirst und damit du siehst, wie herrlich es ist, auf einem Schiff zu leben. Es gibt nichts Schöneres.«

»Was ist mit deiner Familie? Nicht einmal deine Brüder würdest du auf diesen Segeltörn einladen?«

Melanie schüttelte schwach den Kopf. »Nein«, sagte sie mit Bestimmtheit, obwohl ihr Körper und ihr Geist sehr geschwächt waren.

»Was fasziniert dich so ungemein am Segeln?«, fragte ich weiter.

»Es ist ganz einfach: Das Land bleibt zurück, die Wirklichkeit wird ausgeblendet und alles, was ich zum Überleben brauche, habe ich mit an Bord. Ich würde mir ein kleines Segelboot nehmen, je kleiner, umso besser. Dann könnte ich mich von Wind und Wellen treiben lassen, ganz ohne Ziel und ohne Zweck. Herrlich, so weit weg zu sein von allen Menschen und jeder Verantwortung«, gab Melanie zur Antwort.

Als sie so sprach, wurde mir klar, was es mit den vielen Segelschiffen um sie herum und dieser unerfüllten Leidenschaft auf sich hatte. Sie machte sich irgendwie ihre körperlichen Grenzen bewusst, indem sie in ihrer Fantasie mit einem Boot segelte. Das gefühlte Land blieb dabei zurück, die Wirklichkeit wurde von ihr ausgeblendet und in ihrer Vorstellung war alles, was sie brauchte, mit an Bord, verteilt innerhalb der engen Schiffsgrenzen. Das brachte ihr Ruhe. Alles, was vom »Festland« an sie herangetragen wurde, hatte an »Bord« keine Bedeutung mehr. Im Kielwasser ihres Bootes lösten sich Leiden, Sehnsüchte, Hassgefühle, Hoffnungen, Träume auf und verblassten langsam. Alles Schwere und Belastende hatte keine Bedeutung mehr. Je weiter sie sich vom »Ufer« wegbewegte, desto kleiner wurden die alltäglichen Probleme wie die Frage nach dem überlebensnotwendigen Essen und Trinken.

Melanie entfernte sich immer weiter von uns allen, indem sie alleine auf einem gefährlich schaukelnden Segelboot zu einem unbekannten Ufer aufgebrochen war. Der Überlebenskampf setzte bei hohem Seegang in feindlicher Umgebung ein. Ich fragte mich während unserer Begegnungen oft, ob sie vernünftig genug sein würde, wieder zu essen, oder ob die Sehnsucht nach Liebe und Zuwendung sie wie eine unberechenbare Windböe über Bord spülen würde. Würde das Segelboot am Ende kentern oder könnte Melanie Kurs halten, sich fangen und durch den dichten Nebel der Einsamkeit über hohe Schaumkronen hinweg doch noch glücklich einen schützenden Hafen erreichen?

Im und für das Meer ist nichts von Bestand und es ist dort so ganz anders wie an Land, wo Menschen für alle sichtbar Spuren hinterlassen. Das Meer ist schön, wild und unberechenbar. Für Albert Camus trägt es laut seinen Reisetagebüchern auch den »Zauber des Todes« in sich. Daran musste ich immer wieder denken, wenn ich neben Melanies Bett saß und sie mir erklärte, was ein Oktant ist oder welche Funktion die Gangspill hat. Ich las ihr dafür spannende Geschichten über die Seefahrt vor. Von gefährlichen Expeditionen in ferne Länder war dabei die Rede, von Abenteuern auf Handelsschiffen und dem erbitterten Kampf um die Vorherrschaft auf den Weltmeeren. Jules Vernes Erzählung »Zwei Jahre Ferien«, bei der 14 Jungen einer neuseeländischen Schule auf ihrer Klassenfahrt mit einem Schiff in einen schweren Sturm geraten und auf einer unbewohnten Insel stranden, durfte dabei auch nicht fehlen.

So schipperten wir gemeinsam durch Zeit und Raum. Manchmal schlug uns die See fürchterlich und unsere Angst wurde größer angesichts der gewaltigen Gefahr, die von ihr ausging. Ein andermal durchkreuzten wir wieder ruhigere Gewässer in friedlichen Zonen.

Schwer kranke Menschen befinden sich in einer Spirale der Emotionen, wobei die Gefühlsskala von übertriebener Hoffnung bis zu tiefer Depression reicht und sich die Stimmung von einer Minute auf die andere völlig ändern kann. Melanies Erkrankung war bereits in einem weit fortgeschrittenen Stadium; sie lehnte sich nicht mehr aktiv gegen das Unvermeidliche auf, trotzdem schien sie es noch nicht angenommen zu haben, geschweige denn loslassen zu können. Kraft ihrer Gedanken versuchte sie, auszubrechen aus ihrem Krankheitsstadium, und träumte sich einfach weg, auf das weite Meer hinaus, sie allein in einem Segelboot auf Entdeckungsreise. Im Endstadium einer so schweren und zum Tode führenden Krankheit ist man zu fast nichts mehr fähig, weil die Kräfte schwinden.

Weil so vieles, fast alles nicht mehr möglich ist, hilft die Fantasie, das Unerträgliche, Schlimme, manchmal sogar Grauenhafte zu ertragen, ohne verrückt zu werden. Das habe ich auch bei einem anderen jungen Patienten erlebt, der wie Melanie nicht aufhörte zu kämpfen, obwohl er schon lange völlig kraftlos und schwach war.

Nikolaus wollte unbedingt noch einmal auf den Gipfel eines seiner Lieblingsberge hinauf und setzte alles daran, es zu schaffen. Er kooperierte mit den Ärzten und gab sich plötzlich auch den Schwestern gegenüber pflegeleicht. Ziel seiner Hoffnung war ein bestimmter

Berg in seiner Heimatregion, an dem er sich schon in Kindertagen »abgearbeitet« hatte: Dort hatte er das Klettern gelernt und war mit seinem Vater wohl 100 Mal bis zum Gipfel gekommen. Ursprünglich Hobby, wurde das Bergsteigen für ihn zur Berufung und indirekt zum Beruf, denn aus Nikolaus wurde ein erfolgreicher Natur- und Landschaftsfotograf. Er konnte es sich leisten, viele Berggipfel in Europa zu besteigen, um sensationelle Bilder zu machen. Seine Aufnahmen füllten Bildbände und von jedem Ort schrieb er seiner Mutter eine Ansichtskarte. Sie hat alle aufgehoben und bewahrt sie liebevoll sortiert in bunten Schachteln auf.

Als Nikolaus klar wurde, dass er nie mehr auf den Berg hinaufkommen würde, weil der Krebs bereits zu weit fortgeschritten und er im wahrsten Sinne des Wortes ans Krankenhausbett »gefesselt« war, ging er dazu über, in Gedanken noch einmal seine Lieblingsorte und Lieblingsberge zu besteigen, um Abschied zu nehmen. Ihm genügte dafür der Anblick seiner Wanderausrüstung und des Rucksacks – sie hingen in seinem Blickfeld an der gegenüberliegenden Wand am Haken. Nikolaus wusste, dass seine Bergschuhe unter dem Bett lagen, quasi griffbereit zum Anziehen. Seine Mutter hatte nicht die Kraft, mit ihm die bunten Erinnerungspostkarten durchzusehen, und überließ diese Arbeit mir. Nikolaus wurde zu meinem »Bergführer«, ich hing manchmal recht ängstlich am Seil, während er mich sicheren Schritts zum Gipfel führte – trotz meiner Höhenangst! Ich hörte von lebensgefährlichen Abenteuern und den wohl wunderbarsten Sonnenuntergängen, die man sich nur vorstellen kann. Da kamen plötzlich Bären aus dem Nichts oder Dolen kreischten aufgeregt um uns herum, wenn wir in einer sehr steilen Wand hingen, was Kletterern sehr gefährlich werden kann. Nikolaus ging noch einmal die Höhen und Tiefen seines Lebens mit mir ab. Ich als Begleiterin ließ mich gerne von ihm in fremde Gefilde entführen.

Ich glaube, gute Sterbebegleitung ist genau das: einfach DA sein und gut ZUHÖREN, sich von Schwerkranken und Sterbenden führen lassen. Manchmal benötigt es einer Frage oder eines Impulses, um den Gesprächsfluss in Gang zu halten, aber über weite Strecken ist es wohl die stillste und leiseste »Arbeit«, die es gibt. In Momenten wie diesen bekomme ich immer ein völlig anderes Gefühl für die ZEIT, als würden die Uhren langsamer ticken und die Minuten viel langsamer vergehen als draußen vor der Krankenzimmertür, wo Hektik und lautes Herumlaufen, die Geschäftigkeit der Welt ihren Platz haben. Dort vergeht die Zeit wie im Fluge, aber am Sterbebett sind Sekunden und Minuten von einer ganz anderen Qualität und Intensität.

Erste Liebe und erster Kuss

Auch wenn Melanie den starken Wunsch verspürte, möglichst weit weg von ihrer Familie, den Studienkollegen, den Menschen im Krankenhaus und allem Lebendigen zu sein, und sich in Gedanken auf ein Segelboot begab, sehnte sie sich in ihrem Innern nach bedingungsloser Liebe und Geborgenheit. Sie fühlte sich sehr einsam und verlassen und war dementsprechend verzweifelt. Nichts und niemand konnte sie aufheitern oder ihr helfen, diese Krisen zu überwinden. Zudem verschlechterte sich ihr Zustand, da sie anstatt zu- weiterhin abnahm. Magersüchtige Frauen haben große Probleme mit der Menstruation, sie bleibt häufig aus oder kommt nur ganz unregelmäßig, was wiederum auch zu hormonellen Veränderungen führen kann. So erging es Melanie über Jahre hinweg. Wie sehr sich die junge Frau immer wieder nach einer liebevollen Beziehung gesehnt hat, erzählte sie mir eines Abends, als es ihr schon sehr schlecht ging.

»Ich habe in den letzten Tagen sehr oft von einem Mann geträumt. Er kam immer, wenn ich geweint habe und verzweifelt war«, sagte Melanie leise, fast flüsternd, als dürfe es niemand hören.

»Wie sah er aus?«, fragte ich sie.

»Ach, das weiß ich nicht so genau. Einmal war er groß und dunkelhaarig, dann wieder kleiner, eher ein sportlicher Typ mit heller Haut und hellem Haar. Er hat mich ganz fest in den Arm genommen und mich lange geküsst!« Sie spitzte ihre Lippen zu einem Kuss und es schien, als müsste sie etwas sehr Schönes festhalten.

»Wann kommt er immer zu dir? Abends oder auch tagsüber?«, wollte ich von ihr wissen.

»Immer wenn ich am Einschlafen bin, anfange zu träumen. Ob du es glaubst oder nicht: Er ist hier, ich spüre seinen Atem, ich rieche ihn und vor allem fühle ich mich schrecklich glücklich und geborgen, so zärtlich ist er.«

»Das ist doch schön, Melanie. Freust du dich?«, fragte ich sie weiter aus. Ich nahm sie und ihre Gefühle ernst, wusste aber genauso gut wie sie, dass es nur ein Traum war.

Sie brach in Tränen aus und schluchzte laut auf. »Mich hat noch niemand geküsst! Da war keiner, der mich jemals auch nur eine Sekunde lang richtig lieb gehabt hätte!« Die junge Frau war verzweifelt und unglücklich. In diesem Moment spürten wir beide, dass es für sie keine erste Liebe und keinen ersten Kuss mehr geben würde. Mit letzter Kraft begehrte ihr geschwächter Körper noch einmal auf, ehe Melanie sich zuckend und weinend zusammenkrümmte und die Augen schloss. In diesem Augenblick musste ich sie einfach in den Arm nehmen, was gar nicht so einfach war, denn sie war so zart und zerbrechlich und so unglaublich verletzlich.

»Arme Melanie, du wirst sterben müssen, ohne einen Kuss auf deinen Lippen gespürt zu haben«, dachte ich, sprach es aber nicht laut aus. Ich spürte die Bitterkeit und die Tragik, aber mir war auch klar, dass sie jetzt nicht vertröstet werden durfte. Egal, wie jung oder alt ein sterbender Mensch ist, die Trauer um das ungelebte Leben muss von ihm selbst aufgearbeitet werden. Das konnte auch Melanie niemand abnehmen und sie wusste es selbst am besten. Klar, sie war unendlich traurig darüber und sehnte sich nach Liebe und Geborgenheit. Auch wollte sie irgendwo »dazugehören«, eingebunden sein in ein soziales

Netz, das sie trägt, und sie wollte vor allem verstanden und respektiert werden. Diese unerfüllbaren Sehnsüchte bewirkten, dass sie sich an manchen Tagen ihre Welt ganz nach ihren Vorstellungen und Wünschen »zurechtträumte«, weil sie ihren Zustand nicht mehr ertragen konnte.

Melanie starb wenige Wochen später an Herzversagen. Ohne den ersten Kuss bekommen und die erste große Liebe erlebt zu haben. Trotzdem ist sie ruhig eingeschlafen im Kreise ihrer Familie. Die letzten vier Tage ihres Lebens konnte sie zu Hause verbringen und ihre Eltern, aber auch ihre Brüder kümmerten sich Tag und Nacht rührend um die todkranke junge Frau. Bislang unausgesprochene Kränkungen und belastende Schuldgefühle konnten besprochen und ausgeräumt werden. Vielleicht spürte sie in den letzten Stunden die Liebe ihrer Eltern, nach der sie immer so gehungert hatte. Auch Freunde und Studienkollegen kamen noch zu ihr, um sich zu verabschieden. Bisweilen wurde an ihrem Sterbebett auch sehr viel gelacht und gescherzt. Melanie hatte während ihres letzten Krankenhausaufenthalts von einem Arzt ein Buddelschiff geschenkt bekommen, ein in eine Glasflasche eingeschlossenes Segelschiff. Ein typisches Andenken an einen Aufenthalt am Meer. Es hatte immer auf ihrem Nachtkästchen gestanden und wir entwickelten viele Thesen, wie es gelingen könnte, ein solches Schiff durch den schmalen Flaschenhals in die Flasche zu bringen. Zum Abschied schenkte mir Melanie dieses kleine Symbol ihres großen Wunsches nach Freiheit und Unabhängigkeit.

Fazit

Wir können Menschen in ihrer letzten Lebensphase helfen, ungelöste Probleme anzusprechen, indem wir ein Klima des Vertrauens schaffen. Wir können die Dinge jedoch nicht umkehren und einer Lösung zuführen. Wer im Leben zu wenig gelacht hat, kann das am Sterbebett nicht nachholen. Der erste Kuss und die erste Liebe können nicht wie auf Knopfdruck herbeigezaubert werden – alles hat seine Zeit und seinen Ort. Kränkungen und Verletzungen, unangesprochene Probleme und Konflikte wirken sich am Lebensende extrem belastend aus und können dann nicht mehr bearbeitet werden, weil es dafür einfach zu spät ist. Für uns Zurückbleibende ist es noch nicht zu spät. Was wir aus Melanies trauriger Geschichte lernen können, ist Folgendes:

- Konflikte und Probleme gleich ansprechen und nicht so lange damit zuwarten, bis es – aus welchen Gründen auch immer – nicht mehr möglich ist.
- Wir sollten küssen, lachen und glücklich sein, wenn uns danach ist, und uns in die Menschen um uns herum jeden Tag aufs Neue verlieben. Wir wissen nicht, wie lange wir sie noch haben.
- Jugendliche müssen eine eigene Identität entwickeln. Unterstützen wir sie dabei, indem wir sie so sein lassen, wie sie gerade sind, auch wenn uns als Eltern oder Verwandte das eine oder andere an ihrem Verhalten missfällt. Schließlich waren auch wir einmal jung und haben so manches Abenteuer bestanden.
- Thomas Bernhard hat in seiner Autobiografie von der »Kindheit als Gefängnis« geschrieben. Machen wir es den Kindern nicht zu schwer; sie brauchen Liebe, Geduld und Geborgenheit und manchmal auch Grenzen. Am meisten aber brauchen sie unser Verständnis und vor allem unser Vertrauen in sie, damit sich ein gesundes Selbstwertgefühl entwickeln kann.
- Erwachsene haben für Kinder Vorbildfunktion in allen Belangen. Wenn wir uns normal und ausgewogen ernähren und bei Genussmitteln Maß halten, werden auch die Jugendlichen keine Probleme damit haben.
- Kinder mutwillig zum Essen zu zwingen, ist eine unfaire Form der Machtausübung. Wenn wir sie zu einer gesünderen

Ernährungsweise bewegen wollen, müssen wir sie dazu motivieren und davon überzeugen. Auf dem Weg dorthin muss man vor allem viel miteinander reden. Schon die Androhung von Schlägen und Druck bewirken bei Kindern genau das Gegenteil dessen, was wir erreichen wollen.

- Wir sollten junge Menschen immer im Auge behalten. Wenn wir Veränderungen an ihnen bemerken, so muss das aus- und angesprochen werden. Es ist nie einfach, mit pubertierenden Jugendlichen zu diskutieren, aber auch wir lernen dabei so manches fürs Leben.

Nachbetrachtung

Wie schön ist es doch, wenn man in Würde und Gelassenheit altern kann. Dazu gehören silberne Fäden im Haar, die nicht sofort abgetönt werden, und Kummer- wie Lachfältchen im Gesicht, die zeigen, dass wir stürmische und heitere Zeiten hinter uns haben. Im Laufe unseres Lebens haben wir auch das eine oder andere Kilo um die Hüften, an Po und Bauch zugelegt – vielleicht für »schlechtere Zeiten« oder einfach nur deshalb, weil uns manchmal eine Rippe Schokolade oder eine herrlich duftende Praline gutgetan und für eine ausgeglichene Stimmung gesorgt haben, Body-Mass-Index hin oder her. Das Selbstwertgefühl lässt sich durch kosmetische Eingriffe nicht stärken und man sagt, dass echte Schönheit von innen kommt. Die Kommunikationsexpertin Virginia Satir hat es mit einem einzigen Satz auf den Punkt gebracht:»Ich bin ich und ich bin o.k.!«[5] Das bedeutet jedoch nicht, dass stark übergewichtige Menschen nichts gegen ihr Übergewicht tun sollten! Fettleibigkeit ist weniger eine Frage der Ästhetik als vielmehr ein gravierendes

---

5 Virginia Satir. In: *Selbstwert und Kommunikation. Familientherapie für Berater und zur Selbsthilfe.* J. G. Cotta'sche Buchhandlung, Nachf., Stuttgart, 1975. Seite 38.

Gesundheitsproblem. Wer zu viel Gewicht auf die Waage bringt und einen zu hohen Cholesterinspiegel hat, wird früher oder später an Diabetes erkranken, einen Herzinfarkt oder Schlaganfall bekommen oder eine andere chronische Erkrankung, die zum Tode führt.

Ebenso wäre mehr Qualität als Quantität das Maß aller Dinge auch bei sportlicher Betätigung. Diese »Qualität« wird erreicht, wenn Sport und Bewegung Freude bereiten und den Körper nicht über die Maßen strapazieren. Übertriebenes, zwanghaftes Handeln schadet den Gelenken und kann zu Unfällen und Verletzungen führen. Es gilt, auf die Signale zu hören, die der Körper aussendet, und Überbelastungen zu vermeiden. Dann kann jede noch so kleine Form von Bewegung bewusst eingesetzt und wahrgenommen werden.

Immer wieder hören wir, dass junge sportbegeisterte Menschen bei einem Marathon zusammenbrechen und noch vor Ort sterben, und wir zeigen uns bestürzt darüber. Sport und Bewegung können guttun, wenn sie regelmäßig und nicht exzessiv betrieben werden. Ich habe gelernt, immer auf meinen Körper zu achten und in ihn hineinzuhören, wenn ich dreimal die Woche für eine Stunde laufen gehe, wobei es kein durchgehendes Joggen ist, sondern abwechselnd Gehen, Laufen und Stehen. Die steilen Wege aufwärts und abwärts gehe ich und schone so meine Gelenke; ich jogge ausschließlich gerade Strecken. Am liebsten nehme ich weichen Waldboden oder den Wiesenrand neben der Straße, ich bleibe viele Male stehen, um in den frühmorgendlichen Wald hineinzuhorchen. Meine Ohren verstopft nicht die Musik aus einem MP3-Player, sondern sie sind frei für die Stimmen der Vögel, denn der frühe Morgen und der Sonnenaufgang gehören ganz ihnen. Erst viel später beginnen sie mit der Futtersuche und der Fütterung ihrer Jungen. Manchmal sehe ich auch ein Reh oder einen Feldhasen, fast immer jedoch Katzen aller Schattierungen, die müde von einer sehr lebendigen durchlaufenen Nacht nach Hause schleichen und hoffen, bald frisches Futter und Wasser zu bekommen.

Begegnungen dieser Art sind jedes Mal richtige Glücksmomente für mich.

Ich nehme mir Zeit und Muße, die Geräusche der erwachenden Stadt zu hören, und habe das Gefühl, unendlich viel Kraft zu tanken.

Dieses Ritual und der kraftquellenorientierte Umgang mit meinen eigenen Ressourcen teile ich nicht via Facebook oder Twitter irgendeinem Freundes- und Bekanntenkreis mit, schon gar nicht übers Handy. Sie bleiben wie ein gut gehütetes Geheimnis den ganzen Tag bei mir.

Ich fange die ersten Strahlen der Morgensonne ein und kann so gut und fit in einen neuen Tag voller Überraschungen starten. Wie schön das Leben doch immer wieder sein kann!

Ein Weg aus dem Labyrinth der Gefühle

Lebenswege werden oft symbolhaft als Labyrinth bezeichnet beziehungsweise damit assoziiert, weil es verschlungene Pfade sind, die wir nehmen müssen. Manchmal sind es sehr lange Wegstrecken mit vielen Verzweigungen und Gabelungen, dann schlagen wir plötzlich wieder eine andere Richtung ein, ohne zu wissen, warum wir das tun. Manche fühlen sich weit entfernt von ihrem Lebensziel, andere beklagen die vielen Umwege, Kurven und Windungen, die sie schon genommen und zurückgelegt haben, ohne eine Mitte oder den Ort, den sie erreichen wollen, gefunden zu haben. Andere sind aufgebrochen in der Erwartung, den kürzesten und direktesten Weg zu ihrem Ziel zu finden, und haben sich hoffnungslos in einem Irrgarten mit vielen Sack- und Nebengassen verirrt.

In unserer schnelllebigen Zeit geht es darum, die kürzeste Distanz zwischen zwei Orten zu wählen, von einer Aufgabe zur anderen, von einem Meeting zum nächsten zu hetzen, dabei mögliche Umwege und somit Zeitverlust zu vermeiden. Meist kennen wir diese eingefahrenen Wege ganz genau, werden dabei von bereits bekannten Menschen begleitet und bringen uns so um die Chance, auf einem Umweg etwas Unvorhergesehenes, etwas Neues, anderes zu entdecken. Schade, dass wir keine Zeit mehr haben, um uns in Irrgärten herumzutreiben, wo die Zielsuche eine vergnügliche ist und das Versteckspielen uns an unbeschwerte Kinderzeiten erinnert. Wenn wir nicht genau wissen, wo wir sind und was wir hinter der nächsten Kurve erleben, wenn wir abseits stehen bleiben und uns durch Abbiegen entführen lassen in eine uns fremde, noch unerforschte Welt, dann gelingt es uns, hineinzuhorchen in uns selbst und herauszufinden, was uns trägt.

Dabei helfen diese Fragen:

- *Wo stehe ich auf meinem Lebensweg?*
- *Bin ich dem Ziel schon nahe?*
- *Habe ich mich verirrt?*
- *War es doch der falsche Weg?*
- *Wohin möchte ich gehen?*
- *Welchen Ballast möchte ich aus meinem Reiserucksack nehmen und wegwerfen?*
- *Was würde ich gerne Neues auf meinem Weg erleben?*
- *Wie kurz oder lang war mein bisheriger Weg?*

Wir können zu enge Schuhe tragen, wodurch wir Blasen an den Füßen bekommen, oder in bequemen Wanderschuhen dahinstapfen. Wir können laufen oder gemächlich dahintrotten. Wir können bergauf und bergab gehen, geradeaus, aber auch in alle Richtungen abbiegen. Eigentlich ist es faszinierend, wie viele Möglichkeiten jeder Lebensweg bietet. In manchen bangen Stunden, wenn wir uns voll Angst und einsam fragen, ob wir nicht doch falsch gegangen sind oder warum es so schwierig ist, ein Ziel möglichst rasch zu erreichen, lösen sich die Selbstzweifel wieder in Wohlgefallen auf, weil wir in der Zwischenzeit weitergekommen sind oder einfach gelernt haben, uns in Geduld und Gelassenheit zu üben. Denn:

Wir können uns ganz bestimmt auf uns selbst verlassen – in jeder noch so brenzligen Lebenssituation!

Das beständige Gehen, um irgendwo anzukommen und von dort wieder aufzubrechen, kann durch die Diagnose einer tödlichen Erkrankung abrupt gestoppt werden. Dann ist es wichtig, sich einen erholsamen Rastplatz zum

Ausruhen zu suchen. Oder es wie Stefan machen, der junge Aidspatient aus dem nächsten Kapitel, der sich einen Ort der Muße und Kreativität gesucht hat. Seine große Liebe war das Ballett. Als er nicht mehr tanzen konnte, schuf er fantasievolle Choreografien und bunte Kostüme. Er, der es gewohnt gewesen war, dass ihn sein Lebensweg in viele verschiedene Länder mit ganz unterschiedlichen Kulturen führt, begab sich auch vor seinem Tod auf Wanderschaft und blieb nicht an einem Ort, um dort auf sein Ende zu warten. Er war noch nicht fertig mit seinem Leben, wollte noch etwas erleben, ehe es zu spät war. Dieses ständige In-Bewegung-Bleiben – körperlich wie geistig – treibt uns voran und einem Ziel entgegen. Vor allem aber gibt es kranken Menschen die Kraft, doch noch einmal einen neuen Weg einzuschlagen. Das gibt Zuversicht und macht Mut!

STERBEN IST WIE DIE REISE IN EIN UNBEKANNTES LAND

WAS ALLES NOCH MÖGLICH SEIN KANN

VORBETRACHTUNG

Für das Sterben gibt es keine Anleitung und kein Patentrezept. Wann es beginnt, welche Emotionen auf seelischer, sprich geistiger Ebene aufbrechen und wie elementare Lebenserfahrungen empfunden werden, ist ganz unterschiedlich, sehr schwer zu beschreiben und nicht zu verallgemeinern. Wenn ich den Versuch einer bildlichen Darstellung von Sterben unternehmen wollte, würde ich es mit einer Reise ins Ungewisse vergleichen. Die erste Reaktion ist strikte Ablehnung, weil man die Diagnose nicht wahrhaben will, sich mit allen möglichen Mitteln dagegen wehrt. Man besteigt voller Angst ein Segelboot und weiß nicht, wohin der Wind es trägt. Die Welt ist aus den Fugen geraten und auf dem schaukelnden Boot schwankt der Boden unter den Füßen. Man fühlt sich verloren und von der ganzen Welt verlassen. Manchmal kommt eine Prise Selbstmitleid hinzu, dann flaut die Stimmung wieder ab, weil es scheint, als würde nichts mehr einen Sinn ergeben.

Irgendwann setzt ein heftiger Sturm ein, der sich mit dunklen Wolken am Horizont bemerkbar macht. Das Segelboot schaukelt gefährlich hin und her, es geht auf und ab, im Zischen der Gischt, in Blitzen und Donnergrollen entladen sich Zorn und Wut. Aufbäumen und Auflehnung: Warum ich? Warum jetzt? Warum diese Krankheit? Warum so früh? Schuldgefühle und Schuldzuweisungen blitzen bei dunkler Gewitterstimmung hervor, Emotionen entladen sich mit ungeheurer Wucht, der Sturm treibt das Boot im Kreis, die Wellen schlagen in ungeahnter Heftigkeit darüber zusammen, es wird wie eine Nussschale unkontrolliert nach oben und unten getragen.

Ein Gewitter der Gefühle ist von reinigender Kraft. Irgendwann setzt starker Regen ein, der unaufhörlich in Form schwerer Tropfen niederprasselt. Tränen der Trauer kommen und eine tiefe Depression macht sich bemerkbar. Das Meer ist noch immer aufgewühlt und unruhig, das Segelboot sucht nach einem Rhythmus, die Stimmung ist grau und trüb, ohne Hoffnung und Zuversicht. Die Erinnerung an Ausfahrten prachtvollen Sonnenaufgängen entgegen und zu neuen, interessanten Ufern stellen sich ein. Melancholie, eine traurige Stimmung ohne Höhepunkte breiten sich aus. Zwar ist man froh und glücklich darüber, dem Sturm der Emotionen entkommen zu sein, aber die Angst vor dem, was noch kommen, und die Trauer über das, was nicht mehr sein wird, legen sich wie ein schwerer Nebeldunst über alles.

Nachdem man lange, oft über Monate und Jahre hinweg so dahingeschaukelt ist und viele Gewitterstürme, Flauten und Regentage erlebt, durchlitten und ausgehalten hat, kommt das Segelboot irgendwann in ruhigere Gewässer. Es ist wieder Land in Sicht, jedoch ein ganz anderes als das, von dem aus man sich auf die Reise gemacht hat. Auch die Zeit scheint plötzlich eine ganz andere zu sein, alles wirkt verändert. Und wieder sind es bange Fragen, die Qualen verursachen: Wie wird der letzte Ankerplatz im Leben sein? Was erwartet mich in diesem Hafen? Wo gehe ich hin und was bleibt von mir? Manche beeilen sich, das neue Land zu betreten, andere lassen sich Zeit und wollen noch abwarten, ehe sie sich aus unserer Welt, der der Zurückbleibenden, verabschieden, um endgültig loszulassen.

Die letzten Tage am Sterbebett sind ganz besondere Augenblicke, da sie von unglaublicher Transzendenz gekennzeichnet sind. Sterbende reagieren extrem empfindlich auf ihre Umwelt. Sie spüren, wenn man als Besucher unter Zeitdruck steht, was sie auch sehr direkt ansprechen, oder sie schicken einen einfach aus dem Zimmer, zurück nach Hause. Sie fühlen sich in die Psyche des anderen derart ein, dass man fast das Gefühl hat, sie würden Gedanken lesen. Ich erinnere mich sehr gut an solch eine Situation, als ich trotz professioneller Abgrenzung und Atemübungen, bevor ich ins Sterbezimmer trat, von der Todkranken gefragt wurde, wie denn mein Tag so gewesen sei, denn ich würde sehr angespannt und gestresst wirken. Die Gute nahm tatsächlich Anteil an meinem Tag, der alles andere als glatt verlaufen war: Streit mit der pubertierenden Tochter in der Früh, Autopanne am Vormittag auf einer stark frequentierten Kreuzung und zu allem Überfluss war zur Kochwäsche noch eine schwarze Socke in die Waschmaschine geraten! In der Stunde, die ich bei dieser Frau verbrachte, relativierten sich meine Sorgen und Ärgernisse auf das, was sie tatsächlich waren: unwesentlich im Verhältnis zu dem, was ihr bevorstand und was sie jeden Tag durchzustehen hatte.

Junge Sterbende, Menschen, die mitten im Leben stehen, kämpfen heftiger mit dem Tod, lehnen sich gegen die Krankheit auf und verdrängen stärker als alte Menschen. In Ersteren brodeln Wut und Zorn darüber, dass das Leben nun schon zu Ende gehen soll, obwohl sie noch so viele Pläne haben. Es fällt ihnen naturgemäß besonders schwer, die geliebten Menschen in ihrem Umfeld loszulassen, besonders dann, wenn Dinge nicht geregelt sind oder in Beziehungen und Begegnungen noch einiges offen ist. Manchmal dauert der Kampf ums Leben, gegen den Tod bis zum letzten Atemzug. Im letzten Ein- und Ausatmen lösen sich jedoch Abwehr und Krampf in Annahme auf und das Gesicht des Sterbenden drückt Gelöstheit aus, manchmal ist es fast ein heiterer Zug um die Mundwinkel, der sich einstellt. Das macht uns allen Mut, dass auch wir diesen allerletzten Weg, den jede und jeder von uns allein gehen muss und für den es kein Navigationsgerät und keinen Routenplaner gibt, in Ruhe und Gelassenheit zu Ende gehen werden.

Choreografie eines Lebens

Ich halte eine Postkarte in der Hand. Auf der Vorderseite ist eine Skulptur abgebildet: Alberto Giacomettis *Große Frau II* – schmal, mit langen Beinen, einem gestreckten Oberkörper und seitlich an ihre Oberschenkel geschmiegten Händen steht sie da, die große Frau, in Bronze gegossen im für den Künstler typischen Stil, und wirft einen Schatten. Auf der Rückseite, fast unleserlich, Stefans Handschrift. Kurz und bündig seine Botschaft:»Hallo, liebe Doris. Bin in Paris. Grüße dich herzlichst! DANKE für alles. Stefan«.

Stefan war durch und durch ein künstlerisch veranlagter Mensch gewesen. Er hatte klassisches Ballett bei einem bekannten russischen Tänzer studiert und in Amsterdam, Paris, New York und Berlin gelebt. Der Musik und dem Tanz war sein ganzes Leben gewidmet; er arbeitete als Tänzer und Choreograf. In die Provinzstadt hatte ihn die Liebe verschlagen, da sein Lebensgefährte, ein Schauspieler, am hiesigen Theater ein Engagement hatte.

Stefan war 31 Jahre alt und hatte Aids. Er wusste um seine Erkrankung und wo und wann er sich angesteckt hatte. Er hatte eine klare Vorstellung, wie es mit ihm weitergehen würde. Ich lernte ihn auf der Aidsstation im Krankenhaus kennen, wohin er sich immer wieder zur Behandlung begeben musste, da die Krankheit in Schüben ausbrach. Vielleicht gibt es heute bessere Medikamente und Therapien, Stefan jedenfalls war damals sehr schwach und ausgemergelt, nur noch ein Schatten seiner selbst. Die lähmende Müdigkeit machte ihm am meisten zu schaffen und immer dann, wenn er eine neue Idee hatte oder gerne etwas unternommen hätte, streikte sein Körper und er war an den Rollstuhl gefesselt – im wahrsten Sinne des Wortes.

Die erste Begegnung

An unsere erste Begegnung erinnere ich mich so gut, als wäre es erst kürzlich gewesen, dabei liegt sie bereits mehr als zwei Jahrzehnte zurück.

Die Aidsstation bestand aus drei oder vier Zimmern und war der internistischen Abteilung des örtlichen Krankenhauses angegliedert. Eine große gläserne und fest verschlossene Flügeltür trennte sie von dem Bereich. Ich musste dort erst läuten und eine etwas mürrische Krankenpflegerin öffnete sie einen Spaltbreit, um zu fragen, was ich wolle. In diesem Moment war ich – wie in ähnlichen Situationen auch – immer sehr verunsichert und fragte mich, ob ich die Begleitung in diesem Fall auch tatsächlich übernehmen möchte. Ich spürte dann ein Gefühl der Unsicherheit in mir hochsteigen, das sich aber rasch wieder legte. Nachdem ich eingelassen worden und die Tür wieder ins Schloss gefallen war, wusste ich, dass die Begegnung eine gute werden würde, denn es überwiegte die Neugier auf Stefan. Bevor ich in sein Zimmer gelassen wurde, musste ich mich mit allerlei hygienischen Maßnahmen auseinandersetzen und unterschreiben, dass ich alles verstanden hatte und beachten würde. »Solche Formalitäten hemmen die Bereitschaft zum Besuch«, dachte ich mir, hingegen war der Umgang mit Aidspatienten damals noch mit sehr vielen Vorurteilen behaftet und mit Ausgrenzung verbunden. So war es gut, dass ich aufgeklärt und entsprechend vorbereitet – den Krankheitsverlauf eingeschlossen – endlich Stefan sehen konnte.

Das Bett war leer, er saß an einem kleinen Tisch in einem Sessel vor dem Fenster mit Blick über die ganze Stadt. Ein sehr großer, sehr dünner Mann mit einem schmal geschnittenen Gesicht, dunklem Teint, tief eingefallenen braunen Augen. »Eine echte Giacometti-Figur« – das war mein erster Gedanke. Stefan hatte weder auf mein Klopfen reagiert noch meine Frage gehört: »Darf ich zu Ihnen kommen?«

Er war viel zu beschäftigt. Vor ihm auf dem Tisch lagen viele weiße Blätter Papier, der Bleistift in seiner rechten Hand war schon stumpf und kratzte über die Seiten. Stefan zeichnete schwungvoll Figuren in seltsamen Kostümen, für den Hintergrund benutzte er Ölkreide. Ich stand lange ganz still da und beobachtete ihn, versunken in seine Tätigkeit, wie die Strichführung immer schneller und unruhiger wurde.

»Entschuldigung, dass ich Sie störe. Hätten Sie ein wenig Zeit für mich?«, meine Frage klang wie ein Hilferuf.

Stefan sah auf, schaute mich mit seinen großen Augen an, lachte und sagte:

»Ich habe ganz viel Zeit – zumindest heute und hier im Krankenhaus. Mehr Zeit, als dir lieb sein wird. Hallo, ich bin Stefan, und wer bist du?«

Er hielt mir seine Hand mit den langen, feingliedrigen, dünnen Fingern hin. Sein Händedruck war zart, aber bestimmt. Das Eis war gebrochen und es wurde eine intensive, interessante Begleitung. Ich traf Stefan zweimal die Woche, zuerst im Krankenhaus, später in einer Kuranstalt am Rande der Stadt.

Stefan hat mir vor allem gezeigt, dass ich mit offenen Augen und achtsamer mir selbst und anderen gegenüber durchs Leben gehen kann.

In dem halben Jahr unserer Begegnung habe ich sehr viel über Musik, Tanz, Ballett, Choreografien, Kostüme und Bühnenbild gelernt. Heute erlebe ich Vorstellungen oder Performances viel bewusster als früher. Ich erinnere mich an die vielen Zeichnungen, die Stefan angefertigt hat, um seine Ideen für Ballett und Oper umzusetzen. Manchmal ließ er sich von sehr schrägen Musikstücken inspirieren, dann wieder von einer Bewegung, die er unbedingt aufnehmen wollte, oder auch nur von einem Wort, einem Satz, den ich ihm sagen durfte, wie zum Beispiel: *Das Leben ist schön*. Diese Worte ließ er zur Inspiration auf sich wirken. Es konnte bis zu zwei Wochen dauern, bis er die Bilder in seinem Kopf transferieren und in eine Choreografie einbauen konnte und mir die Aufstellung der

Tänzer zeigte. Meist waren es die Positionen vom Anfang und vom Ende eines Stücks. »Wenn es gut getanzt wird, dann siehst du die Musik.«

Tanz war für Stefan die Befreiung der Seele durch den Körper, es war sein Leben und ihm galt seine Leidenschaft. Emotional und persönlich wurde er immer, wenn es um Tanz ging, ansonsten wirkte er oft distanziert und abweisend. Auf Menschen, die ihn nicht kannten, machte er einen arroganten und eitlen Eindruck.

Ich war bis zu diesem Zeitpunkt eine Art »Antitänzerin« gewesen, das heißt, ich ging nie zu Tanzabenden und schon gar nicht auf Bälle. Beides kommt auch heute nicht für mich infrage, aber ich habe tanzen gelernt, zumindest mich tänzerisch zu bewegen.

Stefan sagte einmal zu mir: »Schwingen. Welche Bewegungen fallen dir ein, wenn du das Wort ›schwingen‹ hörst?«

Ich stemmte daraufhin die Hände in die Hüften, grätschte meine Beine und ließ meine Hüfte langsam und zaghaft ein wenig von rechts nach links kreisen.

Ein händeringender, fast flehender und im Rollstuhl sitzender Stefan sagte nur:

»Schwingen heißt fliegen, flattern, meinetwegen auch Sprünge machen, sich harmonisch und mit grazilen Schritten wie in einer Ellipse bewegen, alles mit Schwung, nicht so lahm und langsam ... Melodisch schwingen wie eine Möwe am Himmel, sanft und im Rhythmus der Gezeiten, auf und ab ...«

Er nahm seinen bunten Seidenschal, den er jeweils in der passenden Farbe zum Jogginganzug um den Hals trug, und bewegte ihn schwunghaft mit den Händen. Es war ein komischer Anblick, der im Luftzug flatternde Schal wies zwar die von Stefan gewünschte Beweglichkeit auf, aber mir schien es unmöglich, dass jemals ein Körper diese Art der Bewegung ausführt. Mittlerweile weiß ich, dass es solche »begnadeten Körper« gibt.

Manchmal gehe auch ich »schwingend« durch mein Leben und denke an Stefan. Das ist aber nicht gleichbedeutend mit Hüft- und Powackeln, sondern vielmehr Ausdruck des Gefühls von Leichtigkeit, Abgehobensein, Getragen- und Verwehtwerden, wie der bunte Seidenschal. Wenn ich am Meer auf einem Stein sitze und dem ewigen Kommen und Gehen der dunklen Wellen zusehe, muss ich manchmal an Stefan und seine Vorstellungen von Bewegung und Gegenbewegung denken.

Eine Kindheit in Enge

Wenn ich einen Blick auf Stefans Lebensgeschichte werfe, so stellt sich mir als Außenstehende der Eindruck einer Kindheit und Jugend voll schlimmer, grauer und trauriger Tage ein. Er hingegen hat nie darüber geklagt, dass er nicht wusste, wer seine Mutter war und was mit ihr geschehen war. Sein Vater war immer zornig geworden, wenn er nach ihr fragte, und irgendwann hörte Stefan auf, Fragen zu seiner Identität und seinen Wurzeln zu stellen. Er war zufrieden gewesen mit dem bescheidenen Leben, das sich in einer Wohnküche, zwei kleinen Zimmern und Bad und WC auf dem Flur, die auch von anderen Bewohnern benutzt wurden, im Stiegenhaus abspielte. Der Vater arbeitete viel auswärts, während sich die Großmutter um den Buben kümmerte. Stefan hatte ein rührendes Bild von ihr in Erinnerung behalten: eine herzensgute alte Frau, die mit viel Nachsicht und Geduld die schwierige Aufgabe übernommen hatte, ein Kind zu erziehen. Stefan erinnerte sich an ihre verschiedenen Kittelschürzen, die sie jeden Tag getragen hatte. Am liebsten hatte er die dunkelblauen glänzenden, aus schwerem Nylonstoff gemocht, deren Ausschnitt und Taschen weiß abgesetzt gewesen waren. Eine Woche nach seinem elften Geburtstag war seine Großmutter verstorben, Stefan hatte sie gefunden, als er nach der Schule nach Hause kam. »Wie ein alter Engel saß sie mit lächelndem Gesicht auf dem Sofa, die Hände im Schoß. Ich konnte gar nicht glauben, dass sie nicht mehr lebendig werden würde!« Wenn er von ihr sprach, bekam seine Stimme einen besonderen Klang und sein Gesicht einen verklärten Ausdruck. Der Schock hatte tief gesessen, denn Stefan hatte keine Erinnerungen an ihr Begräbnis und an die Zeit danach. Es war, als sei er in ein tiefes, schwarzes Loch gefallen.

Die Jugendwohlfahrt entschied daraufhin, dass der Junge nicht bei seinem Vater bleiben dürfte, sondern eine Klosterschule mit Internat besuchen müsste, Hunderte Kilometer von seinen Schulfreunden entfernt, in einer abgelegenen Gegend. Stefan fühlte sich verlassen und einsam, vor allem eingesperrt. Er erwähnte nur brutale Erziehungsmethoden und die strenge Ahndung jedes noch so kleinen Vergehens. Wenn ich heute von den Missbrauchsfällen in kirchlichen und anderen Einrichtungen höre, muss ich unweigerlich an Stefan denken und überlege, was ihm wohl alles widerfahren ist. Auf jeden Fall war es nach dem Wechsel mit den schulischen Leistungen bergab gegangen und er hatte einige Male versucht, aus dem Internat abzuhauen, was ihm aber nicht gelang. Spätestens am Bahnhof wurde er – ohne Geld und Ausweis – von der Polizei aufgegriffen und wieder zurückgebracht. »Damals wurde mir bewusst, wie wichtig Freiheit für mich ist und welchen Stellenwert sie in meinem Leben hat.« Die große Freiheit kam aber erst mit der Volljährigkeit, nachdem er mit Müh und Not den Schulabschluss geschafft und eine Lehre als Goldschmied begonnen hatte, die er aber nie abschloss.

Auf der Suche nach der großen Freiheit

Ohne Geld in den Taschen, aber mit viel Abenteuerlust im Gepäck machte Stefan sich per Anhalter auf den Weg nach Amsterdam. Ich selbst bin noch nie dort gewesen und kenne die Stadt nur aus Erzählungen. So feurig und farbenprächtig wie Stefan hat sie mir bis heute niemand schmackhaft gemacht. Für ihn war Amsterdam der Hort der Freiheit und Unabhängigkeit gewesen – das Nachtleben, die Bars und

Lokale, den offenen Umgang mit Sexualität fand er fantastisch. So eröffneten sich dem mutterlosen jungen Mann aus der Provinz völlig neue Perspektiven. Mit dem verwunschenen Reiz der Grachten, den Cafés, dem bunten, ziellosen Treiben auf dem Nieuwmarkt, den Shoppingmöglichkeiten am Damrak, dem Charme der alten Patrizierhäuser sowie dem großen Rotlichtdistrikt De Wallen hatte sich diese Stadt für immer in Stefans Erinnerung eingeprägt. Daraus zog er auch in Zeiten der Krise und der Krankheit pure Lebensfreude und Lebenslust. Die schönen Erinnerungen halfen ihm, die Tristesse des Alltags zu überwinden. Indem er von seiner Zeit in Amsterdam erzählte, konnte er sein altes Leben Stück für Stück loslassen und sich somit besser auf die neue Situation einstellen.

In Amsterdam hatte Stefan auch die große Liebe seines Lebens getroffen. Hendrik war Holländer und 20 Jahre älter als Stefan. Er ermöglichte ihm die Ausbildung zum Tänzer am Theater und nahm ihn auch mit auf seine Dienstreisen ins benachbarte Ausland. Während Hendrik am Abend langweilige Arbeitsessen mit Geschäftspartnern wahrnahm, konnte Stefan mal ins Theater, in die Oper oder in ein Konzert gehen, je nachdem, wonach ihm war. Er tauchte ein in eine ihm völlig neue, faszinierende Welt, in der sich die Realitäten leicht verschieben und die Grenze zwischen Illusion und Wirklichkeit fließend ist. Mit Hendrik reiste Stefan auch das erste Mal nach Paris und verliebte sich unsterblich in die Stadt und das pulsierende Treiben, wie er immer wieder ernsthaft betonte.

Es war wohl eine Art Hunger auf das Leben in seinen schillernden Farben, der Stefan unstet und rastlos werden ließ, angezogen von der Magie des Andersseins. Irgendwann »passte« für ihn die Beziehung mit Hendrik nicht mehr und er verließ den wohltätigen Freund ohne auch nur Adieu zu sagen. Neue Freunde in Paris hatte er bereits gefunden, mit einem von ihnen, Pierre, ging er später noch nach New York. In Paris hatte ihn die Tänzerszene gleich aufgenommen und aufgrund seines Talents bekam Stefan die Chance, als Assistent eines bekannten russischen Tänzers und Choreografen zu arbeiten. Stefan fühlte sich im Olymp des Lebens und verbrachte sehr sorglose, glückliche Jahre in der französischen Metropole. Er und seine Freunde wurden zu »Szenegängern« und machten so manche Nacht zum Tag, denn in den Lokalen und Diskotheken am Canal St. Martin zur Rue de Charonne hin wurde zu allen Rhythmen und Musikrichtungen getanzt und gefeiert.

Die nächste Station New York mit ihrem berühmten Broadway und der Metropolitan Opera, wo damals im selben Komplex das New York City Ballet tanzte und auch Stefan ein paarmal auf der Bühne stand, war für ihn ein faszinierender, verwirrender Ort von absoluter Größe und Unüberschaubarkeit. »Wenn du nachts von der Sky-Bar in Manhattan einen Blick auf die glitzernden Wolkenkratzer wirfst, fühlst du dich richtig klein und unbedeutend, aber das Tolle daran ist, dass du ein Teil des Ganzen bist.« Der Big Apple war für ihn die Welthauptstadt des Entertainments schlechthin im Sinne von »If you can make it there, you can make it anywhere!« (Wenn du es dort zustande bringst, kannst du es überall!). Stefan war sich sicher gewesen, dass ihm gerade die amerikanische Art zu leben besonders viel Selbstbewusstsein und vor allem eigenständiges Denken und Handeln vermittelt hatte. Als seine Erkrankung bereits in einem fortgeschrittenen Stadium war, konnte er seine Erinnerung an die Zeit dort immer wieder neu beleben und daraus Kraft schöpfen. Die grenzenlose Weite und Größe hatten seine Wahrnehmung verändert und ihn aus der Kleinlichkeit des Daseins in andere Sphären getragen.

Weil ich keine Klischees bedienen möchte, erzähle ich an dieser Stelle nicht, wie und wann Stefan sich mit höchster Wahrscheinlichkeit mit HIV infiziert hat, denn das tut nichts zur Sache. Im Nachhinein bedauerte er seine Leichtfertigkeit, aber er hätte damals – wie so viele andere Menschen auch – die Gefahr von ungeschütztem Geschlechtsverkehr überhaupt nicht abschätzen können.

Schwierige Kindheit als Triebfeder

Auch wenn Stefan sein Leben genossen hat und es scheint, als sei er mit Leichtigkeit durch Raum und Zeit getanzt, immer auf der Suche nach Unterhaltung und Bereicherung, so darf das nicht darüber hinwegtäuschen, dass er sehr hart und mit Ehrgeiz an der Umsetzung seiner Ziele gearbeitet hat. Anders als Melanie machte er nicht seine schwere Kindheit und die bedrohlichen frühen Erlebnisse wie den Tod seiner geliebten Großmutter und die Trennung vom Vater für seine Krankheit oder sein Scheitern verantwortlich. Alles, was in dieser Zeit nicht möglich gewesen war aufgrund der gesellschaftlichen und persönlichen Bedingungen, erkämpfte er sich durch Fleiß und Ausdauer, vor allem aber mit Disziplin und einer gewissen Härte gegenüber sich selbst. Die grauen Schatten der frühen Jahre hatten ihn nicht negativ geprägt und belasteten ihn daher während der Krankheitsschübe nicht oder nicht mehr.

Fazit

Man muss den Garten der Kindheit kräftig beackern, wenn darauf nur dürre Pflanzen und traurige Ranken wachsen. Unkraut muss rechtzeitig gejätet werden, damit man im Erwachsenenalter eine blühende, lebendige Oase und später dann einen beschaulichen Garten hat, wo man ernten kann!

Obwohl Stefan genau das gemacht hatte, war er nie ganz zufrieden mit dem gewesen, was er im Leben erreicht hatte. Er wünschte, er hätte Geigenunterricht nehmen können – die Violine, das kleinste Streichinstrument, womit man die höchsten Töne erzeugt. Niemand Geringerer als der geheimnisumwitterte Nicolò Paganini hatte es ihm angetan. Irgendwie wies diese große, hagere Gestalt, auch »Teufelsgeiger« genannt, mit ihren langen, pechschwarzen Haaren, dem blassen Gesicht und den dünnen, fast spinnenbeinartigen Fingern eine gewisse

Ähnlichkeit mit Stefan auf. Dasselbe galt auch für die Wendigkeit und Gelenkigkeit seiner Schultern sowie die fast taschenspielerartige Beweglichkeit der Hände. Paganini hatte die Welt damals mit seinem Geigenspiel betört. »Wo unser Denken aufhört, da fängt Paganini an«, meinte der deutsche Komponist und Dirigent Jakob Liebmann Meyer Beer, besser bekannt unter dem klingenden Namen Giacomo Meyerbeer, 1829 anlässlich eines Konzerts in Berlin.

Paganini war aber auch ein begnadeter Komponist gewesen, berühmt sind seine *24 Capricci für Violine Solo* oder seine Violinkonzerte. Zwei dieser Konzerte·sind auf einer alten Langspielplatte von Decca verewigt, gespielt von Ruggiero Ricci, einem amerikanischen Wunderkind, das zum Zeitpunkt der Aufnahme auch schon in die Jahre gekommen war. Immer wieder, viele Male hintereinander spielte Stefan diese Platte, immer wieder hörte er mit großer Wachsamkeit in die einzelnen Sätze hinein, ganz besonders liebte er das »Glöckchenmotiv« im 3. Satz *Rondo à la clochette*, Violinkonzert Nr. 2 h-moll, op. 7 von Nicolò Paganini. Insbesondere die Leichtigkeit der Musik gefiel ihm gut; vielleicht träumte er auch davon, mit einer Violine auf der Bühne zu stehen und das Publikum so zu betören, wie es Paganini gelungen war.

Musik war eine Art Lebenselixier für den todkranken jungen Mann. Das Hineinhören in die Farbe der Klänge und Töne war auch für seine choreografischen Arbeiten von wesentlicher Bedeutung. Manche Menschen bringen sich auch selbst zum Klingen, sind in manchen Momenten oder Lebenslagen selbst wie ein Musikinstrument, vielstimmig und melodisch.

Was ist Ihr Musikinstrument?

Damit ist nicht unbedingt jenes Instrument gemeint, das Sie als Kind spielen lernen mussten.

Vielleicht ist jetzt der richtige Zeitpunkt gekommen, um Gitarre, Klavier oder Saxofon zu lernen?

Mir sagte eine Lehrerin in der Volksschule beim Blockflötenunterricht, ich sei völlig unmusikalisch. Diese Annahme war nicht nur kränkend und hat mich nicht nur verunsichert, sondern sie war auch in pädagogischer Hinsicht höchst bedenklich und im Grunde absoluter Blödsinn, denn jeder Mensch ist aufgrund seines Gehörs mehr oder weniger musikalisch. Was ich heute gerne lernen würde? Schlagzeug spielen! Laut und kompromisslos!

Besonders zu schaffen machte Stefan mit zunehmender Schwere seiner Erkrankung die schwindende Mobilität. Er bedauerte sehr, dass nicht einmal mehr kleine Ausflüge möglich waren. Dieses An-den-Rollstuhl-gefesselt-Sein bewirkte, dass er die Menschen, die sich in seiner Nähe befanden, immer wieder auf die kleinsten Kleinigkeiten aufmerksam machte, die ihm so wichtig erschienen, weil er sie nicht mehr bewusst erleben und genießen konnte. Dabei gewann alles an Bedeutung, was sich zum ersten Mal zeigte oder ereignete:

- Erster Schnee
- Erste Veilchen
- Erste Kirschen
- Erster Vogelgesang am Morgen
- Erste Rosenknospe
- Erster warmer Sommertag
- Erstes Eis der Saison
- Regen nach der ersten Hitze
- Erstes gelbes Blatt am Ahornbaum
- Erstes graues Haar

Seit meiner Begegnung mit Stefan weiß ich, wie wichtig es ist, die eigenen und die Grenzen anderer wahrzunehmen. Ich verlange von mir selbst und auch von den Menschen in meinem Umfeld nicht mehr so viel wie früher, sondern kann akzeptieren, dass wir alle an manchen

Tagen sehr rasch unser Limit erreichen. Dies gilt in ganz besonderem Maße für den Körper. Wenn zersetzende Kräfte am Werk sind und es nicht mehr in unserer Hand oder in der des Arztes liegt, gegenzusteuern, dann wird der zerbrechliche Körper zum kostbaren Gut. Wir müssen mit uns und anderen achtsam umgehen, weil wir nur dieses eine Leben haben, selbst wenn uns suggeriert wird, dass die Medizin ein großes »Ersatzteillager« für diese oder jene Erkrankung zur Verfügung stellen kann. Es gibt Zäsuren, die unwiderruflich zum Tod führen und ein Leben abrupt beenden. Endgültig und ohne Wiederkehr.

Ich habe für mich die LANGSAMKEIT wiederentdeckt. Bewusst eine Sache zu Ende bringen, bevor ich mich auf eine oder mehrere neue Aufgaben einlasse!

Das ist gar nicht so einfach, denn es wird von uns Schnelligkeit und eine ausgeprägte Fähigkeit für Multitasking erwartet, das heißt mehrere Aufgaben gleichzeitig zu lösen. Kein Wunder, dass viele dabei ausbrennen, weil ihnen alles über den Kopf wächst. Wenn ich koche, versuche ich immer, mich ganz der Zubereitung der Speise zu widmen. Dabei telefoniere ich nicht parallel und checke keine E-Mails. Oft muss ich mich dabei richtig konzentrieren, stark sein und mich regelrecht überwinden, mich nicht von äußeren oder inneren Einflüssen ablenken zu lassen.

Die permanente Gleichzeitigkeit macht unruhig und führt dazu, dass Fehler unterlaufen, weil irgendwann Anspannung und Konzentration nachlassen. Fehler zu beheben nimmt auch wieder Zeit in Anspruch, und so scheint das angedachte Ziel noch weiter entfernt oder gar nicht mehr erreichbar zu sein.

Stehen bleiben. Innehalten. Tief durchatmen. Erst die Schönheiten am Wegesrand sehen und genießen. Dann langsam weitergehen. Auch so erreicht man sein Ziel.

Wer auf seinem Lebensweg öfter mal stehen bleibt und sich Zeit nimmt, der hat Zeit für wunderbare Dinge, die nicht nur einem selber guttun, sondern auch dem Umfeld, das darin eingebunden werden kann.

Was öfter auf unserem »Lebensprogramm« stehen könnte:

- Ins Kino gehen und einen Liebesfilm sehen.
- Lachen und lustig sein, Freude ganz spontan zeigen, wenn einem wirklich danach ist.
- Freunde treffen, hin und wieder in ihrer Gesellschaft ein Glas guten Wein trinken. (Das Leben ist ohnedies zu kurz, um schlecht zu essen und zu trinken!)
- Mit den Hüften schwingen, ein Lied singen, eine Melodie summen oder nach Lust und Laune vor sich hin pfeifen.
- Endlich wieder mal Musik hören (verstaubte Plattensammlungen, achtlos weggelegte CDs, interessante Opern-DVDs warten nur darauf, wiederentdeckt, herausgeholt und aufgelegt, einfach gespielt zu werden).
- Ein Musikinstrument zur Hand nehmen und ausprobieren.

Stefan hat während seines Krankenhausaufenthalts und später in der Kuranstalt besonders bedauert, dass seine Freunde nicht kommen konnten, weil sie so weit weg waren. Er fühlte sich sehr einsam und isoliert. Einige hatten den Kontakt zu ihm abgebrochen, als sie von der Diagnose Aids erfuhren. Ich habe sein Sterben nicht miterlebt, da er in einer kurzen Phase körperlicher Stabilität nach Paris zurückkehrte. Vorher hatte er sich von seinem Partner getrennt, dessen Engagement am städtischen Schauspielhaus verlängert wurde. Seine Erwartungen an Paris waren hoch gewesen, denn er hoffte, dort bessere Therapien zu erhalten, um den Tod hinauszuzögern, damit er sich noch »öfter« etwas Gutes tun könnte.

Ich habe nichts mehr von ihm gehört. Die Giacometti-Karte war sein letztes Lebenszeichen.

Denkanstöße, Erkenntnisse, Vorsätze und Fragen, die man aus Stefans Lebensgeschichte ziehen kann:

- Wir haben es selbst in der Hand, unser Leben neu zu choreografieren. Bleiben wir bei dem Satz »Das Leben ist schön!«.
- Was macht Ihr Leben schön?
- Welche Bilder, Geschichten und Begegnungen fallen Ihnen zu Ihrem Leben ein?
- Mit welcher Lieblingsmusik möchten Sie die Gedanken über Ihr Leben »untermalen«?
- Mit welchem Bild würden Sie die Schönheit Ihres Lebens darstellen?
- Was in Ihrem Leben ist offengeblieben und ruft nach »Heilung« oder Bearbeitung?
- Welche Hoffnungen und Wünsche haben Sie an und für Ihr weiteres Leben?
- Wo sollten Schritte unternommen werden und neue Bewegungen hinzukommen?
- Vergessen Sie nicht: Jedes Leben ist schön und hat immer Sonnen- wie auch Schattenseiten!

NACHBETRACHTUNG

Der Wunsch nach Liebe und Geborgenheit, nach dem Eingebundensein in eine Gemeinschaft, die trägt, und nach vertrauten Menschen und Gesichtern verstärkt sich in der Phase des Abschiednehmens bei bevorstehendem Tod. Daher kommt es oft vor, dass sich Sterbende nicht nur in Gedanken und mit Worten, sondern tatsächlich auf eine letzte Reise begeben. Die einen suchen ihre Wurzeln und möchten sich mit dem Gedanken einer nicht so schönen Kindheit aussöhnen, andere wiederum haben noch etwas zu erledigen oder möchten dort sterben, wo sie glücklich gewesen sind. Vielleicht ist es auch der letzte Versuch, durch Flucht oder Weggehen dem Tod noch ein letztes Schnippchen zu schlagen, der Umklammerung einer tödlichen Erkrankung zu entkommen. Trotz allem bleibt es immer eine Reise dem Tod entgegen: Die Segel sind gehisst und die Wellen des Lebens tragen das Segelboot seiner endgültigen Bestimmung entgegen.

Das Leben hält immer wieder neue Überraschungen bereit

Ich war bei einer sehr guten Bekannten zum Nachmittagskaffee eingeladen. Es war ein strahlend schöner Frühsommertag und wir saßen in der Laube im Garten. Ihre beiden Enkelkinder Mira und Sven, ein Zwillingspaar im Alter von knapp fünf Jahren, tobten um uns herum und versteckten sich immer wieder mit der Aufforderung, sie zu suchen. Plötzlich war es vollkommen ruhig und meine Bekannte rief nach den beiden, doch es meldete sich niemand. Besorgt standen wir auf und hielten im großen Garten nach den Kindern Ausschau. Unter einer mächtigen Rotbuche lagen sie schließlich mit dem Rücken auf dem Boden, die Hände ausgestreckt, die Augen geschlossen. Während Sven sich auf die Lippen biss und völlig starr dalag, zuckten bei Mira die Mundwinkel verräterisch, denn sie konnte nur schwer ein Lachen unterdrücken.

»Was macht ihr denn da?«, fragten wir die Kinder.

Keine Antwort.

»Nach dem Regen ist es im Gras noch zu kalt, ihr werdet euch verkühlen!«, sagte meine Bekannte streng, mit einem leicht vorwurfsvollen Ton.

Da sprangen die Zwillinge wie auf Knopfdruck gleichzeitig auf, lachten und meinten:

»Aber wir waren doch tot!«

Ehe wir uns versahen, waren die beiden Kinder schon wieder lachend unterwegs zur Schaukel und stritten sich darüber, wer als Erstes dran war.

In der Welt kleiner Kinder bedeutet »tot sein«, bloß für kurze Zeit weg zu sein, wiederzukommen, vielleicht nach einer Minute wieder da zu sein. Bis zum fünften Lebensjahr ist der Tod ein vorübergehender Zustand, der mit Schlafen, Dunkelheit oder einfach nur stillem Daliegen bei geschlossenen Augen in Zusammenhang gebracht wird. Tot sind dabei grundsätzlich nur die anderen, der alte Mann oder die »böse Hexe« aus dem Märchen. Kinder entwickeln immer wieder den Wunsch, den Tod und tot sein spielerisch zu erforschen. Lebendig und tot sein gehen dabei ineinander über, verschmelzen zu einem Spiel aus Wirklichkeit und Traum, das überraschende Wendungen nehmen kann. Kinder wollen einmal kurz »gestorben sein«, um dann wieder lachend am Leben teilzunehmen.

Wenn Kinder schwer beziehungsweise tödlich erkranken oder einen schlimmen Unfall erlitten haben, den sie nicht überleben werden, bedienen sie sich einer besonders ausgefallenen Symbolsprache, die für Erwachsene nicht ganz einfach zu entschlüsseln ist. Es scheint, als würden sie den bevorstehenden Abschied für immer spüren, ohne es klar und deutlich auf den Punkt zu bringen. Wohl aber zeugen ihre Zeichnungen und Bilder sowie Briefe, Texte und Gedichte von ihrem tiefen Wissen um ihren Gesundheitszustand und den unausweichlichen Tod.

Größere Kinder wie die zehnjährige Kati begreifen den Tod irgendwann als unvermeidlich und endgültig, auch wenn sie ihn noch nicht oder nicht immer akzeptieren können oder wollen. Ihre Emotionen und Reaktionen sind nicht immer einfach auszuhalten, vor allem auf ihre Fragen, Anklagen und Schuldzuweisungen geduldig einzugehen, ist schwierig. Für sie da zu sein ohne große Vorbereitung, Nähe zuzulassen und wenn nötig Geborgenheit zu vermitteln, gehört zu einer guten Begleitung und kann sich auf sie in kritischen Situation tröstend auswirken. Am schwersten ist es wohl, ehrlich und authentisch zu sein und echte Solidarität mit dem sterbenden Kind zu entwickeln, ohne selbst mitzuleiden, denn das frühe Sterben macht immer die eigene Endlichkeit bewusst.

WENN STERBENDE KINDER
UNS LEHREN ZU LEBEN

DIE KLEINEN KOSTBARKEITEN SEHEN UND SICH DARAN ERFREUEN

VORBETRACHTUNG

Kinder wissen innerlich und ahnen voraus, dass sie sterben werden, wenn sie an einer schweren Krankheit oder an den Folgen eines Unfalls leiden. Elisabeth Kübler-Ross stellt in ihren Forschungsarbeiten fest, dass sie den Zeitpunkt ihres Todes kennen und manchmal mit großer Klarheit darüber sprechen – meist in Situationen, in denen Erwachsene es gar nicht erwarten. Der Sterbeprozess mit seinen Phasen der Ablehnung und Auflehnung, dem Absturz in die Depression und schließlich der Annahme ist auch bei Kindern nachzuvollziehen. Die Sterbephasen wechseln jedoch viel schneller als bei Erwachsenen, ähnlich wie bei einem Kreisel, der sich rasch dreht. Während Erwachsene ihre Erkrankung über einen langen Zeitraum nicht annehmen können oder mit Ärzten und Angehörigen tagelang »Verhandlungen führen«, sich kooperativ zeigen, um etwas zu erreichen, kann dies bei Kindern im Minutentakt geschehen.

Die Phase der Auflehnung gegen die tödliche Erkrankung ist bei Kindern kürzer, als wollten sie sich nicht unnötig damit aufhalten, als spürten sie, dass sie nicht mehr lange zu leben haben. Hingegen habe ich ausgeprägte Formen der Auflehnung bei ihnen erlebt mit all den Gefühlen und Reaktionen, die dazugehören: Wut, Zorn, Schmerz, Trauer, Beschuldigungen, Aggressionen und lautstarkes Klagen. Anzeichen von Depression und eine tiefe Traurigkeit machen sich ebenfalls bemerkbar, jedoch auch nur für eine verhältnismäßig kurze Zeit. Kinder bedauern den bevorstehenden Abschied schmerzlich und trauern um die ihnen nahestehenden Menschen, aber sie tun es nicht so intensiv wie Erwachsene und können sehr rasch ein Thema wechseln. Es ist, als würden sie ihr Gefühl ausblenden und sich wichtigeren Dingen widmen, die sie noch erledigen möchten oder die ihnen gerade in den Sinn gekommen sind.

Sterbenden Kindern fällt es sehr leicht, ihr Schicksal anzunehmen. Auch wenn sie nicht sehr alt werden, erweisen sie sich oft in den letzten Stunden ihres Lebens als sehr weise und würdevoll, worin Erwachsene ihnen nachstehen. Sie sind viel gelassener und Abschiednehmen und Loslassen fallen ihnen viel leichter als Letzteren. Ich habe mich oft gefragt, warum das so ist. Liegt es vielleicht daran, dass ihr Bogen des Lebens noch nicht so weit gespannt ist? Ist es im inneren Wissen darum begründet, dass mit unserer Geburt der Tod zum ständigen Begleiter wird und wir jeden Tag ein wenig mehr sterben?

Kinder stellen auch viel mehr Fragen als Erwachsene. Sie wollen die Welt um sich herum verstehen und darüber hinaus den Himmel, sie wollen wissen, was nach dem Tod kommt. In ihrer Fantasie malen sie sich ihr Weiterleben aus und entwickeln oft abenteuerliche Thesen, die ihre Begleitpersonen zum Widerspruch herausfordern. Bevor man jedoch einen klaren Gedanken fassen und ernsthaft darauf antworten kann, sind sie schon längst wieder in ein anderes Themenfeld eingetaucht. Diese Sprunghaftigkeit in ihrem Denken und Fühlen verlangt von ihrem Umfeld eine große Flexibilität.

Es gibt kein Patentrezept für eine einfühlsame Begleitung. Grundsätzlich sollten sich Erwachsene bei sterbenden Kindern immer von ihren Gefühlen leiten lassen. Wichtig ist, nicht auf den nächsten Tag oder ein Später zu vertrösten, sondern im Hier und Jetzt präsent zu sein. Egal, was geschehen ist oder was sich noch ereignen wird, die folgenden sechs Z können hilfreiche Anker sein:

1. Zugehen auf das Kind.
2. Zeit haben und sich die nötige Zeit für Gespräche nehmen.
3. Zuhören können, nicht unterbrechen oder seine eigenen Befindlichkeiten einbringen, auch wenn die Geschichte noch so unglaublich oder fantastisch ist.
4. Zusammenfassen und wiederholen, was das Kind gesagt hat, und sich dabei vergewissern, ob man auch alles richtig verstanden hat. Dadurch gewinnt man Zeit zu überlegen, ob man antworten muss und wenn ja, was.
5. Zuversicht vermitteln, ohne zu vertrösten oder dem Kind die Schwere der Erkrankung auszureden. Kinder gut zu begleiten heißt, ihnen die Hoffnung zu lassen, die sie im Augenblick hegen, aber keine unrealistischen Hoffnungen zu wecken, da sie das Vertrauen verlieren können.
6. Zärtlich sein und nonverbal kommunizieren: das Kind in den Arm nehmen, es schweigend an der Hand führen oder ihm liebevoll über die Wangen streichen.

Kinder, die sterben müssen, suchen sich ihre Bezugspersonen selber aus. In den meisten Fällen sind es nicht die nahen Familienangehörigen, die schwer unter der Situation leiden und deren Trauer ständig präsent ist, sondern Außenstehende. Ihnen vertrauen sie ihre innersten Stimmungsbilder, ihre Ängste und Hoffnungen, aber auch ihre Wut und Schuldgefühle an. Dieses Vertrauen setzt die Bereitschaft für einen behutsamen Umgang mit den Gefühlen des Kindes voraus. Diese Art zwischenmenschlicher Begegnung bringt einen immer wieder an die eigenen Grenzen und macht deutlich, dass man als Erwachsener nicht alle Verluste und Trauererfahrungen gut verarbeitet hat. Häufig kommen dabei die Bilder eigener, schon längst vergessen geglaubter Trauer aus Kindertagen hoch.

Ein Stern, der viel zu früh verglüht ist

Kati war erst zehn Jahre alt, als sie starb. Sie hatte über Jahre an Leukämie gelitten und viele Wochen und Monate ihres Lebens im Krankenhaus verbringen müssen. Ich hatte zuerst ihre Mutter bei der Bausteinaktion eines neuen Kinderkrankenhauses kennengelernt. Sie hatte sich genauso wie ich dafür engagiert, und so kamen wir uns näher. Katis Mutter sammelte im Freundeskreis Geld für den Neubau, zudem warb sie bei ihrem Cousin, einem Stadtrat, darum, das Bauvorhaben endlich zu realisieren. Als sie mir anfangs von der Krankheit ihrer Tochter erzählte, klang es so, als ginge diese so schnell vorüber wie eine leichte Grippe oder ein heftiger Schnupfen. Kati befand sich zu dem Zeitpunkt im Krankenhaus, und eines Tages nahm sie mich mit zu ihrer Tochter. Der Anblick der Kleinen schockierte mich zutiefst, da ich sofort an meine beiden Mädchen zu Hause denken musste. Ihr Kopf war kahl und blass, mit großen Augen starrte Kati mich fast ein wenig feindselig an. Sie kam mir im Krankenhausbett völlig verloren vor, auch wenn rundherum bunte Figuren und Plüschtiere aufgehängt waren. An ihren Armen waren dunkelblaue Flecken von Injektionen und ihr rechter Arm war an eine Infusionspumpe angeschlossen, über die ihr intravenös Medikamente verabreicht wurden. Das Kind spürte ganz genau, dass ich in keiner Weise auf seinen Anblick vorbereitet war, was es fast ein wenig erheiterte, denn ich muss bei unserer ersten Begegnung einen ziemlich hilflosen und überforderten Eindruck gemacht haben.

Kati hob die Augenbrauen an, ohne ein Wort zu sagen. Mit einem fragenden Blick deutete sie ihrer Mutter an, dass sie wissen wollte, wer ich wäre und was ich dort zu suchen hätte. Ihre Mutter erzählte ihr von meinem Engagement für den Neubau des Kinderkrankenhauses und dass ich die Bausteinaktion ins Leben gerufen hätte. Kati reagierte darauf begeistert und überhäufte mich sofort mit jeder Menge guter und kreativer Ideen, wie ich mein Vorhaben realisieren könnte. Sie wollte Zeichnungen anfertigen oder Pflastersteine hübsch bemalen; sie machte den wunderbaren Vorschlag, doch weiße Kacheln von kranken Kindern mit bunten Bildern verzieren und brennen zu lassen. Ich habe ihn später sogar umgesetzt und die von Kinderhand gestalteten bunten Fliesen wurden in großen Mengen verkauft. Und für die Ambulanz der neuen Klinik wurden Wandkacheln hergestellt, die spannende und fantasievolle Geschichten erzählen und so anderen Kindern die Angst vor dem Krankenhaus und den bevorstehenden Untersuchungen nehmen sollen. So war das Eis gebrochen und ich durfte Kati sehr oft besuchen. Es war nicht so, dass ich sie begleitete, sondern umgekehrt: Kati zeigte mir jedes Mal neue Möglichkeiten auf oder überraschte mich, wie man mit Fantasie und Kreativität das Leben angehen könnte.

Kati ist, in Jahren gerechnet, nicht sehr alt geworden. Die letzten Monate ihres Lebens, in denen uns eine wunderschöne Freundschaft verband, waren von einer Intensität und von einem Reifungsprozess gekennzeichnet, die selbst sehr alten Menschen oft verwehrt bleiben. Sie war kindlich und erwachsen zugleich, wie ein Clown, der Schabernack macht, und wie ein ernsthaftes junges Mädchen, das spürt und ausspricht, was es so gerne noch erlebt und gemacht hätte. In manchen Stunden mit ihr fühlte ich, wie nah der Tod bereits war, dennoch war Kati lustig und spontan, frei von dramatischer Reue oder Wehmut. Mit ihr konnte ich lachen wie selten mit einem Menschen und einen ganz neuen Zugang zu Zeit und Raum gewinnen.

Ein Auge für die kleinen Freuden des Lebens

Kati verbrachte die letzten vier Monate ihres Lebens zu Hause. Ihre Eltern versuchten, ihr die Zeit so angenehm wie möglich zu gestalten, und achteten vor allem auf einen normalen Tagesablauf – was auch immer sie darunter verstanden, denn »normal« war an ihrer Situation und in ihrem Leben eigentlich gar nichts mehr. Kati musste für die Schule lernen, die Lehrerin kam auch jeden zweiten Tag vorbei, um ihr Hausaufgaben zu geben, wobei auch mit ihr über die Zukunft gesprochen wurde, doch dem Mädchen war längst klar, dass es nicht mehr lange zu leben hatte. Vielleicht spürte Kati auch instinktiv, dass es für sie nur noch Vergangenheit und Gegenwart gab, weshalb sie ein Vorwärtsdenken und Vorwärtsschauen vehement ablehnte. Sie konnte den Augenblick so wunderbar genießen, indem sie das, was sie gerade tat, wie ein krönendes Ereignis betrachtete. Ein Eis zu schlecken wurde dann zum Hochgenuss, sie freute sich über die kleine Spinne, die sich im Wind an einem langen Faden vom Fensterflügel baumelnd herunterfallen ließ. Überhaupt sah sie in ganz einfachen, banalen Dingen wundersame exotische Erscheinungen. Fantasie und Wirklichkeit wechselten bei ihr in rascher Folge und für mich als erwachsene Frau war es manchmal sehr schwierig, Kati zu folgen, wenn sie sprunghaft wie eine Katze von einem Thema zum nächsten hüpfte – ihre Gedankenwelt war wohl schon längst eine andere, weniger real als die meinige.

Wir waren auf jeden Fall ein seltsames Paar. Ich hätte biologisch gesehen ihre Mutter sein können, wenn auch eine sehr junge. Ich war jedenfalls ihre Dodo, eine – wie sie selbst immer wieder betonte – sehr liebe Person, die sie verstehen würde, eben eine Dodo zum Liebhaben, mit der man ganz viel unternehmen könnte. Ich erzählte ihr, dass Dodos große, bereits ausgestorbene Vögel wären, die bis zu einem Meter groß wurden und auf Mauritius gelebt hätten. Kati meinte, dass Dodo die Koseform für Doris wäre, aber vielleicht ist ihr auch der zutrauliche Dodo bei *Alice im Wunderland* begegnet, denn die Geschichte von Lewis Carroll hatte die Dodos lange nach ihrem Aussterben erst bekannt gemacht. Kati war überhaupt eine »Künstlerin der Abkürzungen« gewesen, was das Leben und Zusammensein mit ihr nicht gerade leicht gemacht hatte. So musste man immer raten, was sie

gerade haben wollte oder woran sie dachte. »KK« zum Beispiel bedeutete »kalter Kakao«; wenn sie »BB« rief, dann war nicht Brigitte Bardot
gemeint, sondern »Butterbrot«. Wenn sie Lust auf »WW« hatte, handelte es sich dabei um Wiener Würstchen. Nicht ganz so klar war die
Sache bei »WS« – dieses Kürzel stand nämlich für »Wiener Schnitzel«
wie für »Wurstsalat«, was beides Leibspeisen des kranken Mädchens
waren. Auch wenn Gemüse oder leichte Gerichte gesünder gewesen
wären, Kati setzte sich immer durch und bekam das zu essen, worauf
sie gerade Lust hatte. Sie pflegte ihren Essenswunsch sehr selbstbewusst
vorzubringen, sodass es niemals zu echten Diskussionen kam:

»Heute habe ich Lust auf … Alles andere schmeckt mir nicht!«

Wenn ich manchmal vor dem vollen Kühlschrank in meiner Küche
stehe, überlege ich mir sehr genau, worauf ich Lust habe. Nicht immer
fällt die Wahl auf einen gesunden Joghurt oder ein Stück Käse, sondern auf etwas sehr Süßes oder eine schmackhafte und nicht gerade
magere Wurst. Ich esse es dennoch und denke dabei an Kati und ihre
unbändige Lust am Leben mit all seinen Köstlichkeiten. Trotz ihrer
eingeschränkten Situation und der bedrohlichen Erkrankung, die ein
normales Leben nicht zuließen und gut gemeinte Planungen über den
Haufen warfen, hatte sie auf nichts verzichtet, obwohl es ihr körperlich
schlecht ging. »EE« wie »Eis essen« stand bei ihr besonders hoch im
Kurs. Sie liebte die Ausflüge in die Konditorei, und als sie nicht mehr
gut laufen konnte, fuhr ich sie im Rollstuhl bis zur Kühltruhe. Die
Qual der Wahl wurde an warmen Sommertagen zum Ritual, denn Kati
konnte sich nicht für eine Geschmacksrichtung entscheiden. Himbeere
oder Vanille? Nein, doch lieber Tiramisu, oder gar Zitrone? Am liebsten
hätte sie von jeder Sorte einen kleinen Löffel genommen. Die jungen
Eisverkäuferinnen kannten Kati schon und ließen sie bereitwillig von
den verschiedenen Sorten kosten, indem sie ihr neben den zwei Kugeln
im Hörnchen auch noch kleine Löffelchen damit herüberreichten. Wir
hielten uns wohl jeweils mindestens eine halbe Stunde an der Theke

auf, ehe wir wieder nach Hause gehen konnten. Meine persönliche »Eisbilanz« der Saison mit Kati konnte sich jedenfalls sehen lassen und umfasste in Kugeln: einmal Erdbeere, einmal Ananas, dreimal Kokos, dreimal Honigmelone, zweimal Pfirsich, einmal Waldbeere, dreimal Himbeere, jeweils einmal Zitrone, einmal Sauerkirsche, einmal Butterkeks, einmal Tiramisu, einmal Pistazie und einmal Sahne.

Warum ich das heute, nach so vielen Jahren noch immer so genau weiß? Kati hatte mich ständig aufgefordert, alles, was wir gemeinsam erlebten, aufzuschreiben. Wenn ich sie dann fragte, ob ich es für sie oder für mich notieren sollte, antwortete sie immer: »Na, für dich natürlich, damit du dich später noch daran erinnern kannst!« Es waren immer die gleichen Worte gewesen und ich spürte jedes Mal, dass sie langsam Abschied nahm von ihrem reich gefüllten Kinderleben und dass sie genau wusste, dass es für sie schon bald kein Morgen mehr geben würde. Ich habe damals wirklich vieles, jedoch leider nicht alles aufgeschrieben. Heute bedaure ich es sehr, dass ich unsere aus dem Stegreif entstandenen Geschichten rund um die von uns erfundene Fee Rosalinde nicht auf Kassette aufgenommen habe. Wir erzählten abwechselnd, wobei wir uns vorher auf eine Liste von Stichwörtern geeinigt hatten. Kam dann eines, zum Beispiel das Wort »Brücke«, in unserer fantasievollen, abenteuerlichen, aber auch lustigen Geschichte vor, übernahm die andere das Erzählen. Vor allem die Fee Rosalinde verbindet mich mit Kati auf eine ganz besondere und einzigartige Weise.

Wenn Schmetterlinge flattern, Seifenblasen zerplatzen und Löwenzahnschirmchen fliegen

Als Kati noch selbstständig gehen konnte, wollte sie immer rückwärts laufen, daran erinnere ich mich ganz genau. Sie konnte es geradezu perfekt und schwamm so irgendwie gegen den Strom – vielleicht war es auch ihr ganz persönlicher Versuch, der schlimmen Erkrankung, sprich dem Tod, doch noch zu entgehen, vielleicht wieder gesund zu werden, indem sie ihr Leben in umgekehrter Richtung zurücklegte. In ihrem letzten Sommer durfte die Wiese um das Haus herum nicht gemäht werden, Kati bestand darauf. So konnten wir mit nur wenigen Schritten mitten im hohen Gras Platz nehmen und aus Löwenzahn Kränze flechten; später sahen wir stundenlang den kleinen weißen Federschirmchen nach, die um uns herum tanzten, wenn wir kräftig in die Pusteblumen bliesen. Kati liebte *Das Märchen vom Löwenzahn* von Suse Anthony und konnte es nicht oft genug hören. Es ist eigentlich die Geschichte einer Verwandlung, die deutlich macht, dass man Abschied nehmen muss, um etwas Neues zu erleben. Am Anfang der Geschichte steht auf einer wunderschönen Frühlingswiese ein einsamer Löwenzahn, der seinen Blütenstern der Sonne entgegenstreckt. Er bekommt Besuch von einem prachtvollen Schmetterling, einer Hummel und einer schillernden Libelle. Der kleine Löwenzahn ist sehr traurig, dass sie alle fliegen können und sich frei fühlen dürfen, während er angewurzelt auf der Wiese steht. In seinem Herzen fühlt er eine große Sehnsucht nach der weiten Welt und weint sich jeden Abend in den Schlaf. Als er eines Morgens wieder erwacht, hat ihn die Blütenfee mit ihrer zarten Hand in einen flaumigen Kopf mit vielen winzigen Schirmchen verwandelt, sodass auch er sich nun vom Wind in alle Richtungen wehen lassen und so die Welt erkunden kann. Später werden aus den winzigen Samen der Löwenzahnschirmchen viele neue Pflanzen, die irgendwo weit weg Wurzeln schlagen.

Ebenso konnten wir stundenlang Seifenblasen in ihrer schillernden Zartheit zusehen, wobei wir uns sehr oft wunderten, wie weit sie flogen, ehe sie am Zaun oder an einem Baumblatt zerplatzten. Wenn Kati die Puste ausging, durfte ich das Röhrchen und das Seifenwasser an mich nehmen und große und kleine Glitzergebilde entstehen lassen. Ich liebe Seifenblasen noch heute und bleibe fasziniert stehen, wenn ich irgendwo ein Kind pusten sehe. Die Seifenblasen ließen wir aber nicht nur im Freien, sondern auch im Haus und vor allem in Katis Zimmer platzen. Wir lieferten uns regelrecht Wettkämpfe, wessen Seifenblase größer war, welche länger hielt oder weiter flog. Schmetterlinge liebte das todkranke Kind mindestens so sehr wie Löwenzahn. Da die Wiese ja nicht gemäht wurde, fanden sich besonders viele schöne Exemplare ein, vor allem an den bunten Blüten des Beets mit den Stauden wippten immer wieder Falter und Schmetterlinge, denen wir sehr nahe kommen und sie somit gut beobachten konnten. Kati wurde in dieser Zeit zur wahren Schmetterlingsexpertin, und so lernte auch ich sie alle dem Namen nach kennen: Segelfalter, C-Falter, Admiral, Tagpfauenauge, Distelfalter, Kleiner Fuchs, Aurorafalter (diesen kleinen flatterhaften Gesellen mit den schwarzen Flügelspitzen und der weiß-orangenen Färbung liebte ich damals ganz besonders), Bläuling, Zitronenfalter, Kohlweißling, ja sogar den Schachbrettfalter. Kati hielt mich immer dazu an, das, was ich wann zum ersten Mal gesehen hatte, zu notieren. Bei den Schmetterlingen in meinem Garten halte ich es auch heute noch so: Meine erste Begegnung wird jedes Jahr im Terminkalender vermerkt. Diesmal schon sehr früh, am 2. März 2012, sah ich bei fast 20 Grad Wärme die ersten Schmetterlinge über dem Rhododendron, und zwar einen Zitronenfalter und einen C-Falter. Ein Jahr zuvor fand die erste »Schmetterlingsbegegnung« wesentlich später statt, nämlich erst am 14. April. Es waren ein Silbergrüner Bläuling und ein Tagpfauenauge, dessen linker Flügel etwas eingerissen war.

Auch über die Entstehung von Schmetterlingen haben Kati und ich oft gesprochen, was wohl an ihrem bevorstehenden Tod und den damit verbundenen Fragen lag: »Was passiert mit mir, wenn ich gestorben bin? Wo komme ich hin, wenn ich tot bin? Was geschieht mit mir, wenn ich nicht mehr am Leben bin?« Das wird sie der Natur umgekehrt wohl noch näher gebracht haben, sie wollte das Geheimnis unseres Lebens erspüren. Kati war alt genug, um zu verstehen, dass es auf viele Fragen keine erschöpfende Antwort gibt, aber in ihrer Fantasie schlüpfte sie ganz oft in die Rolle eines Gauklers, sodass sie losgelöst von all dem Schmerz und ihrem eingeschränkten Dasein umherflattern konnte – wohin sie wollte, frei und gesund ihre Tage gestaltete. Sie liebte geradezu meine Fantasiereise, in der sie die Verwandlung in einen Schmetterling erleben konnte.

Alle meine Worte wurden bei Kati zu Bildern und sie vermittelte mir das Gefühl, sich ganz tief auf die Metamorphose einzulassen. Meine bildhafte Erzählung begann mit dem Schlüpfen einer kleinen Raupe, die Abenteuer erlebt und sehr gefräßig ist. Später verwandelt sich die Raupe in eine Puppe und kommt dem Schritt der Metamorphose immer näher. Irgendwann schlüpft dann ein Schmetterling und legt die Eier, aus denen sich wiederum die Raupen entwickeln … Kati erlebte in der Fantasie die einzelnen Entwicklungsstadien, indem sie selbst – natürlich nur in Gedanken – zur Raupe, später zur Puppe und am Ende zu einem prächtigen Schmetterling wurde.

Als Erstes stellte sie sich bei geschlossenen Augen vor, sie wäre von einer wohlig warmen und weichen Hülle umgeben. Sie war dabei herrlich entspannt und hörte nur auf ihr Ein- und Ausatmen. Sie bräuchte nichts zu essen oder zu trinken, es ginge ihr einfach wunderbar, wenn sie so zwischen vielen Geschwistern läge, denen wie ihr wohl und warm wäre, bis die Hülle zu eng wurde. Entschlüpft aus einem behaglichen Zuhause, wäre aus ihr eine prachtvolle, am ganzen Körper behaarte Raupe geworden mit mehreren Paar Beinen. Ich leitete Kati weiter an, sie würde nun viele wunderschöne Blumen und Pflanzen sehen und die harte Rinde eines Baums spüren. Alles wäre in ein helles, warmes Licht getaucht und die Sonne lache vom Himmel. Die kleine Raupe würde großen Hunger haben und so rasch ihre Beinchen sie tragen konnten auf einen saftig-grünen Blätterstrauch klettern. Langsam und genüsslich würde sie sich durch das grüne Blattwerk kauen, dabei den Wind spüren und sich einige Male vor einem großen, schwarzen Vogel verstecken müssen, der nach Futter sucht. Weil ihr der Strauch bald zu langweilig wäre, würde die kleine Raupe die großen Blumen auf der Wiese besuchen. Sie hätte jedoch nur Interesse an deren saftigen Blättern, die Blütenkelche würden ihr lediglich als Nachtquartier dienen. Sobald es dunkel wäre, würden die Blumen ihre Blütenblätter schließen und die kleine Raupe schlafe darin geschützt bis zu den ersten Sonnenstrahlen des neuen Morgens.

Nun musste Kati sich vorstellen, sich in eine sehr dicke und träge Raupe verwandelt zu haben, die den Stamm eines Strauchs nur noch mühsam und langsam hochkommt, um ein verstecktes Plätzchen unter einem Blatt zu finden. Dort würde sie sich so lange mit einem dünnen Faden einwickeln, bis von ihrem Körper nichts mehr zu sehen wäre. Verpuppt würde sie nun auf etwas Neues warten. Wieder hätte sie weder Durst noch Hunger und auch keine Schmerzen, während sie von den wunderbaren Tagen auf den Sträuchern, Pflanzen und Blumen träumte und sich an die herrlich duftenden Blüten erinnerte, die ihr als Bett gedient hätten, sowie an das erfrischende morgendliche Tautropfen-Bad. Es war eine herrliche Zeit. Mit den Gedanken an das Gestern vertrieb sie sich die Langeweile des Wartens. Nach einiger Zeit spürte sie, dass das Alte vergehen und Neues kommen würde. Die Erfahrungen, die die kleine Raupe in diesem Augenblick machte, ließen sich auch sehr gut auf Kati und ihr momentanes Leben übertragen. Das Kind wusste sehr genau, dass sich ihr Leben zum Sterben hin verändern und dass etwas Neues, Unbekanntes auf sie zukommen werde.

In ihrer Fantasie spürte Kati plötzlich wieder Licht und Wärme. Der Kokon, in dem sie lange Zeit verborgen gewesen wäre, hätte ein kleines Loch bekommen, weil sie heftig dagegengedrückt hätte. Neugierig würde sie sich der Sonne entgegenstrecken und sich mühsam herauszwängen. Ihr Körper würde der Freiheit entgegendrängen, aber auch Gefühle der Trauer und des Abschieds würden sich breitmachen, weil Vertrautes und Gewohntes, wohlig Warmes und Angenehmes zurückgelassen werden müssten. Nun durfte Kati sich in Gedanken dehnen und strecken und spüren, dass sie eine ganz neue Gestalt angenommen hatte. Als Erstes würde sie die Fühler auf dem Kopf, dann die langen, zarten Beinchen am Leib bemerken – aus der Raupe war ein prachtvoller großer Schmetterling geworden. Zaghaft würde dieser zum ersten Flügelschlag ansetzen und von einem leichten Windhauch zum Himmel hinauf- und in die weite Welt hinausgetragen werden. Von oben betrachtet sähe die Welt ganz anders und viel kleiner aus, sodass der Schmetterling die Blumenwiese, den schützenden Strauch, einen See, weite Felder und Wiesen und in der Ferne auch einen großen, dunklen Wald entdecken würde. Während der Falter auf viele große und kleine Artgenossen treffen und mit Bienen und Hummeln um die besten Futterplätze streiten würde, hätte er längst vergessen, dass er jemals etwas anderes als ein prachtvoller Schmetterling gewesen wäre, der an einem Sommertag herumfliegt.

Das Staunen des Kindes kannte keine Grenzen. Eines Abends rief mich Kati noch spät an, nur um mir zu sagen, ich solle doch unbedingt in den Garten gehen und zum Himmel schauen. Nie zuvor seien die Sternbilder so deutlich sichtbar gewesen wie an diesem Abend. Ich ging fröstelnd in die klare, kühle Sommernacht hinaus. Als Erstes sah ich Hunderte Glühwürmchen in alle Richtungen fliegen und überall grün aufleuchten. Es war ein berauschendes Bild. Kati hatte recht gehabt, denn in dieser Nacht schienen auch die Sterne eine ganz besondere Leuchtkraft zu entwickeln, sodass es am Himmelszelt glitzerte und funkelte. Ich glaubte den Großen Wagen auszumachen und ich hatte das Gefühl, die Milchstraße zu sehen, wo Tausende große und kleine Sterne strahlen. Kati erzählte mir am nächsten Tag, sie hätte einen ganz besonders schönen und großen Stern gesehen, der ihr zugelächelt hätte. Ich fragte sie, wie ich mir das vorstellen solle, und sie meinte auf ihre sachliche und ernste Art:»Der Stern hat immer stärker geglüht, je länger ich hinaufgeschaut habe. Ich glaube, er wollte mir sagen, ich solle zu ihm kommen. Glaubst

du, dass ich einmal auf diesem Stern sein und auf die Welt hinunter-
schauen werde?«

»Ich weiß es nicht, Kati. Aber was glaubst du?« spielte ich den Ball
zurück.

»Ja«, sagte sie. »Ja, ich werde ein heller und leuchtender Stern sein.
Manchmal, wenn du traurig bist oder wenn du Kummer hast, leuchte
ich dann für dich wie dieser Stern gestern Nacht für mich geglitzert hat!«

Manchmal, wenn ich am Meer oder an Orten bin, wo die Luft-
verschmutzung nicht so groß ist und die Sterne hell vom Himmel
leuchten, muss ich an Kati denken. Ich suche mir einen Stern aus, der
besonders strahlt, und sage in Gedanken einfach nur: »Danke, Kati!«

Die letzten Wochen, als Kati nur noch mit dem Rollstuhl in den
Garten oder zur Konditorei gebracht werden konnte, sind mir besonders stark in Erinnerung geblieben. Ich hatte größte Schwierigkeiten,
mit dem Rollstuhl sicher über Bordsteinkanten und andere Uneben-
heiten zu kommen. Ich konnte nie ganz genau abschätzen, wie groß
der Abstand zu Ecken oder Kanten war. So kam es vor, dass ich mit
dem Rollstuhl ständig irgendwo entlangstreifte oder hängen blieb.
Kati lachte dabei über meine Ungeschicklichkeit und meinte einmal
im Spaß, es müsste für Leute wie mich einen »Rollstuhlführerschein«
geben. Ich stimmte mit ihr darin voll und ganz überein und bemühte
mich nach Leibeskräften, sie wieder sicher nach Hause zu bringen. Sie
war nicht böse, sondern mein Problem mit ihrem Rollstuhl belustigte
sie eher. Eines Tages rief mich ein sichtlich irritierter Polizeibeamter an,
ihm habe ein Kind einen Brief geschrieben, in dem von einem »Führerschein für Rollstuhlfahrten« die Rede sei. Mein Name wäre darin
erwähnt und er wolle die Sache möglichst rasch erledigen, weshalb er
sich an mich wandte. Er befragte mich doch allen Ernstes zu meinem
Fehlverhalten und ich musste wirklich sehr herzhaft lachen, denn der
gute Beamte verstand bis zuletzt nicht, worum es eigentlich ging. Er
war sehr gereizt und sogar fast böse, als wir das Telefonat beendeten,

denn er konnte sich nicht in die Lage der kranken Kati versetzen und fühlte sich durch das »Führerschein-Ansinnen« verschaukelt. Heute gibt es für so vieles einen »Führerschein« wie beispielsweise für die Benutzung des Computers, das Führen von Hunden oder für kulturelles Engagement und auch für pflegende Angehörige werden Kurse abgehalten, wie man einen Rollstuhl richtig bedient. Kati war ein liebes, kluges Kind und ihrer Zeit um »Lichtjahre« voraus!

Kati liebte es auch, mit mir aufs Land zu fahren. Allzu lange konnten unsere Ausflüge jedoch nicht dauern, da sie schnell müde wurde und zu Hause ins Bett musste, um sich auszuruhen. Wir fuhren sehr oft zur Basilika des Zisterzienserstifts Rein nahe Graz. Kati saß dann wie eine kleine Prinzessin in ihrem Rollstuhl, den kahlen Kopf unter einem blitzblauen Kopftuch mit weißen Tupfen für die Außenwelt unsichtbar gemacht, und ich chauffierte sie über den holprigen Weg vom Parkplatz zur Kirche. Ihre Begeisterung für den Innenraum des Gotteshauses war riesengroß und wohl nicht steigerbar. Am liebsten hätte sie jeden der unzähligen Engel, die an den verschiedenen Seitenaltären schweben, stehen oder sitzen, persönlich angesprochen und umarmt; jedes Mal entdeckte sie etwas Neues und studierte in großer Anspannung eines der Fresken oder die Motive der Wandbilder. Wir waren nie wirklich leise und aufgrund der Größe des Raumes wurden unsere Stimmen in alle Richtungen getragen. Doch es nahm niemand Notiz davon, und so konnte Kati ganz ungeniert ihre sehr persönlichen kindlichen Gespräche mit Engeln, Heiligenfiguren und Jesus am Kreuz führen. In diesen Augenblicken hatte ich das Gefühl, dass wir Gott sehr verbunden waren, und manchmal spürte ich mit einem Schaudern, wie nahe Kati dem Tod bereits war. Alle meine stillen Gebete drehten sich darum, dem Kind doch noch eine Chance zu schenken und ihr ein Überleben zu ermöglichen.

Mir wurde sehr warm ums Herz, als ich kürzlich erfuhr, dass 25 Jahre nach unseren Besuchen in Rein eine Initiative zur Sanierung der 167 Engel gestartet wurde. Als sogenannte Engelpatin kann man für einen Engelkopf oder einen Assistenzengel die Restaurierungskosten übernehmen. Mir wurde ein Exemplar am Altar des heiligen Nepomuk als »Patenkind« zugewiesen. Ich weiß, dass Kati sich sehr freuen würde, wenn ich ihr davon erzählen könnte. Hätte es diese Möglichkeit bereits damals gegeben, hätte sie all ihre Verwandten und Freunde dazu gebracht, Pate zu werden, damit die Engel 250 Jahre nach ihrer Entstehung in neuem Glanz ganz ohne Holzwürmer strahlen können. Mit Sicherheit.

Die geistige Reife, die das zehnjährige Mädchen in den letzten Wochen vor seinem Tod entwickelte, war unglaublich. Mir war schon in der Basilika von Rein aufgefallen, dass Kati winzige Details in Bildern und an Figuren entdeckte und Interesse hatte, darüber zu sprechen. Im Wohnzimmer ihrer Familie stand ein großes Bücherregal, aus dem ich eines Tages zufällig einen Kunstband mit Werken von René Magritte herausnahm. Kati war begeistert von dessen Bildsprache und konnte mit den surrealistischen Verwirrspielen viel anfangen. Während ich ein Bild mindestens zweimal anschauen musste, um die verschiedenen Ebenen wahrzunehmen, hatte sie mit einem einzigen Blick alles erfasst und konnte dessen Bedeutung treffend und wunderbar beschreiben. Magritte hat einmal gesagt: »Jedes Ding, das wir sehen, verdeckt ein anderes. Und wir würden sehr gerne sehen, was das Sichtbare verdeckt.«[6] Kati entdeckte sofort alles Verdeckte und nicht nur das: Vor ihrem inneren Auge entstanden neue Bilder, die sie wiederum in ein Werk hineininterpretierte, das wir gerade anschauten. Eine Arbeit gefiel ihr besonders gut. *Golconda* zeigt im Hintergrund eine Häuserfassade, Gebäude mit Dächern. Über das gesamte Bild sind Männer in schwarzen Mänteln, schwarzen Hosen, weißen Hemden,

---

6 René Magritte. *Das Pop-up-Buch.* Verlagshaus Jacoby & Stuart GmbH, Berlin, 2010.

mit Krawatten und schwarzen Aktentaschen sowie dunklen Schuhen und mit schwarzen Melonen auf dem Kopf zu sehen. Sie sind unterschiedlich groß und scheinen von oben nach unten wie Regentropfen zu schweben oder von unten nach oben wie Heißluftballons aufzusteigen. Anders als mir fiel Kati sofort auf, dass sie sich ganz wesentlich voneinander unterscheiden: Ihre Blicke sind in verschiedene Richtungen gerichtet und sie haben unterschiedliche Körperhaltungen. »Mysteriös« ist auch der Name des Bildes, *Golconda* ist der Name einer alten Ruinenstadt in Indien, aber auch mehrere Orte in den Vereinigten Staaten heißen so.

Gerne betrachteten wir auch die Bilder, auf denen sich Wolken über Figuren oder Gegenstände zu schieben scheinen. Als Kati ihr Bett kaum noch verlassen konnte, »reiste« sie damit quasi nach draußen. Magritte hat sich sehr oft des Sujets »Fenster« bedient und somit Blicke in fantastische Räume oder Himmelswelten ermöglicht. So blätterten wir in dem Bildband und hielten gemeinsam an ihrem Zimmerfenster Ausschau nach ähnlichen Wolkengebilden am Himmel. Dabei entdeckten wir immer wieder unglaubliche Formationen: So flogen Hunde und Katzen am Himmel über uns hinweg und ließen Gewitterwolken manchmal ganze Landschaften mit Bäumen und Häusern entstehen. All diese Abenteuer waren nur von kurzer Dauer, weil der Wind die Wolken wieder davontrug. Das passte irgendwie zu Katis Zustand, denn einerseits wollte sie alles gleichzeitig erleben, andererseits in schneller Abfolge, in ganz kurzen Sequenzen, was wohl mit ihrer Erkrankung zu tun hatte.

Wie wenig man zum Lachen und für einen Augenblick Glücklichsein braucht, erfuhr ich immer wieder im Zusammensein mit Kati. Weil wir nicht hinauskonnten und sie keine Lust auf Spiele wie *Schwarzer Peter* oder *Quartett* hatte, benutzten wir einfach unsere Finger, um uns zu unterhalten. Jeder einzelne stellte etwas dar oder »erzählte« etwas, wobei wir darauf achteten, dass es sich reimte:

Der baut sich ein Haus,
der füttert die Maus,
der kocht sich Tee,
der träumt von Schnee,
der pflanzt einen Baum,
der badet im Schaum,
der sucht den Schuh,
der melkt die Kuh,
der wohnt auf dem Berg
und der ist ein Zwerg.

Zuletzt war Kati von Menschen umgeben, die ihr guttaten und die sie um sich haben wollte. Ihre Eltern traten beruflich kürzer, um mehr zu Hause zu sein, und vor allem den Großeltern kam eine zentrale Bedeutung zu. Kati liebte ihre drei Großmütter (Opa Fritz hatte zweimal geheiratet) und ihre beiden Großväter sehr. Ihre Schulfreundinnen und Schulfreunde waren sehr oft zu Besuch und auch die Lehrerin kam regelmäßig vorbei. Mit ihr führte Kati immer sehr intensive Diskussionen über die Sinnhaftigkeit der Mathematikhausaufgaben. Aus dem verbalen Schlagabtausch ging Kati als Siegerin hervor, die Lehrerin gab oft ganz einfach augenzwinkernd auf und ließ ihr das letzte Wort. Wie uns allen war ihr klar, dass Kati bestimmte Dinge nicht für »das Leben« lernte, weil es bald zu Ende gehen würde.

Als Kati starb, waren wir alle sehr traurig. Trotzdem war es die schönste Abschiedsfeier, die ich je erlebt habe. Die Kinder durften Katis Sarg mit Zeichnungen bekleben und ins Grab wurden keine Blumen geworfen, sondern Luftballons stiegen stattdessen in den Himmel auf. Am Himmel waren viele Wolken und der Wind trug die bunten Luftballons hoch hinauf. Ganz in Katis Sinne sangen ihre Schulfreunde zum Abschied fröhliche Lieder. Wir waren auf dem Friedhof umgeben von einem Meer aus weißen Blüten, wie dies bei Begräbnissen sehr junger Menschen und

Kinder oft gehandhabt wird, und als wäre es gestern gewesen, sehe ich heute noch mein farbenprächtiges Blumenbukett daraus hervorstechen. Innerlich freute ich mich darüber, denn ich weiß, dass Kati es am liebsten kunterbunt gemocht hatte. Unsere Beziehung war einzigartig gewesen.

Kati hat viele Spuren in unseren Herzen hinterlassen. Jedem hat sie persönlich etwas vermacht. Mir schrieb sie auf einen weißen Zettel Folgendes:

»Liebe Dodo! Du kannst alle meine Spielsachen und die Bücher für dein neues Kinderkrankenhaus haben. Es war immer sehr langweilig dort und die anderen Kinder sollen es schöner haben. Ich habe dich sehr lieb gehabt. Vielleicht besuche ich dich wieder einmal als Wolke, Schmetterling, Stern oder Engel, du wirst mich finden. Dickes Küsschen, deine Kati«.

Umrahmt ist der Text mit einem roten Herz, bestehend aus lauter kleinen Blümchen und Blattgirlanden. Eingewickelt in das Papier war eine doppelreihige Kinderkette aus ganz kleinen dunkelroten Glasperlen, die wie winzige Granaten aussehen.

Fazit

Katis Beispiel zeigt für mich, dass es nicht auf die Anzahl der Jahre ankommt, die man lebt, sondern auf die Art und Weise, was der Einzelne daraus macht und wie er mit einer verhältnismäßig kurzen Zeitspanne umgeht. Manche Menschen werden sehr alt, haben aber nur vor sich hin gelebt, ohne Höhepunkte oder besondere Erlebnisse, andere wiederum leben nur kurz und machen trotzdem die Erfahrungen eines reichen Lebens. Was ich von Kati gelernt habe, ist Folgendes:

- Spontan und direkt zu sein.
- Klar zu sagen, was mich bewegt, und ungeschminkt aufzuzeigen, was mir nicht gefällt.

- Manchmal laut und lustig zu sein.
- Glück kann bedeuten, einfache Dinge wie Schmetterlinge oder Sterne zu zählen.
- Es ist nie zu spät und die Zeit reicht immer, um zündende Ideen zu verwirklichen.
- Genussvoll zu leben und sich keine Sorgen um morgen zu machen.

Kati hat mich nicht nur gelehrt aufzuschreiben, was nach meinem Tod den Angehörigen hilft, die Dinge in meinem Sinne zu erledigen. Sie hat mich geradezu dazu gezwungen, immer wieder schriftlich festzuhalten, was wir erlebt haben oder was gut gelaufen ist. Ihr war klar, dass es nicht für sie, sondern für mich wichtig ist, daher erstelle ich auch heute noch eine Prioritätenliste für den nächsten Tag. Ich setze mich am Abend in Ruhe hin und schreibe alles auf, was ich am kommenden Tag gerne erledigen möchte. Stehen sie einmal auf dem Papier, nummeriere ich sie der Priorität entsprechend durch, bei eins angefangen. Habe ich eine Sache erledigt, gibt es ein Hakerl dahinter und ich widme mich der nächsten. Allerdings schaue ich nicht auf das, worum ich mich noch nicht gekümmert habe, sondern mache eins nach dem anderen, damit ich nicht schon in der Früh das Gefühl habe, einen ganzen Berg unerledigter Dinge vor mir zu haben. Ich widme mich daher Schritt für Schritt meinen Aufgaben, ohne mich zu überfordern, und freue mich über jedes »Erledigt-Hakerl«.

Ich glaube auch, dass uns unser Leben intensiver und wesentlich länger erscheint, wenn wir ein Tagebuch führen. Das Ritual, sich abends hinzusetzen und den Tag noch einmal Revue passieren zu lassen, führt dazu, dass seelische Verspannungen und Verkrampfungen abgebaut und nicht in den Schlaf mitgenommen werden. Man erinnert sich noch einmal an das, was man am Tag erlebt hat, und bewahrt es durch Aufschreiben vor dem möglichen Vergessen. Für all jene, die schnell sein wollen: Es genügt schon, sich täglich fünf Stichworte im Kalender zu notieren. Das können

Dinge sein, die gut gelaufen sind, schöne Ereignisse, aber auch belastende, schwierige Situationen. Durch das Niederschreiben wird Positives dem Vergessen entrissen, und so kann es uns später helfen, Krisen zu meistern. Negatives wird losgelassen und vielleicht dauerhaft verabschiedet. Kati wünschte sich manchmal, dass ich das Wort »frei« in meinen Kalender eintrage. Sie wollte, dass ich mir an diesen Tagen nichts vornehme, weil sie möglicherweise etwas gebraucht hätte oder einfach nur mit mir hätte spielen oder sprechen wollen. Einmal pro Woche gab es damals tatsächlich »FZ«, was für Kati »freie Zeit« bedeutete und was in meinem Kalender vermerkt wurde. Irgendwann hatte ich damit wieder aufgehört, doch als ich eines Tages extrem überspannt und müde von stressigen und langen Arbeitswochen war, erinnerte ich mich daran. Seither steht so oft wie möglich »frei« in meinem Kalender. Ich verabrede mich dann nicht, telefoniere wenn möglich nicht, gehe nicht einkaufen, sehe nicht fern und sitze auch nicht vor meinem Computer, sondern beschäftige mich mit mir selbst und mache an diesem Tag so gut wie nichts. Mittlerweile bekomme ich davon auch kein schlechtes Gewissen mehr. Dadurch ist Zeit von völlig anderer und neuer Qualität, weil ich das Gefühl habe, Minuten und Stunden würden viel langsamer vergehen, und es ist, als würde ich den Atem der Welt anhalten – zumindest an meinem richtig »freien Tag«. Damit stelle ich mich auch ein wenig gegen den »Strom der Zeit« oder versuche, wie es Kati so gerne gemacht hat, rückwärts zu laufen und die Uhr dabei anzuhalten.

Ich bemühe mich auch, nicht ständig in Eile zu sein, weil Kati mir gezeigt hat, welche Faszination im Alltäglichen und ganz Gewöhnlichen liegen kann, und dazu braucht es keiner teuren Hilfsmittel, Kurse oder Events, um Außergewöhnliches zu erfahren. Mit den Jahren habe ich auch ein Gefühl dafür entwickelt, dass ich mich langsamer fortbewege und nicht mehr gegen diese Langsamkeit ankämpfe. Ich bleibe manchmal mitten im Strom der Zeit stehen und schaue mich ganz bewusst um und frage mich Folgendes:

- Wer begegnet mir auf der Straße?
- Wo befindet sich die nächste Grünfläche oder der nächste Baum?
- Wie fantasievoll ist dieses Schaufenster gestaltet?

Dabei entdecke ich oft unglaubliche Dinge, die mich erfreuen oder erheitern und die ich sonst niemals gesehen hätte. Beispielsweise eine besonders schöne gelbe Heckenrose in einem Vorgarten oder ein Liebespaar, das sich in fester Umarmung in einem Torbogen küsst, oder ein Kleinkind im Kinderwagen, das mich anlächelt und die ganze Umwelt um sich herum ohne Wenn und Aber anstrahlt.

Ich versuche auch immer wieder, eingefahrene Haltungen zu überwinden. Wenn jemand zu mir sagt: »Heute ist schönes Wetter!«, hätte ich früher vielleicht darauf geantwortet: »Aber am Wochenende wird es wieder regnen.« Heute sage ich: »Ja, ich freue mich auch sehr, dass jetzt die Sonne scheint und es wärmer geworden ist.«

Man darf nicht immer alles nur dunkel und negativ sehen, dazu ist das Leben zu kurz! Manchmal muss man sich zwingen, positiv zu denken und zu handeln!

Auch mir gelingt das nicht immer, aber ich bemühe mich. Wenn ich mit dem Auto in einen Stau gerate, weil in der engen Straße vor uns die Müllabfuhr ihre Arbeit versieht, dann ärgere ich mich nicht darüber, sondern schaue nach links und nach rechts und betrachte das Warten als geschenkte Zeit. Dadurch fällt mein Blick auch mal auf die Fenster der Häuser; manchmal treffen meine Augen dabei auf ein fremdes Augenpaar oder sehen ein Kind, das sich am Vorhang festhält und mir lachend zuwinkt. Ich studiere Namensschilder und mir fallen farblich interessant gestaltete Fassaden auf. All das ist nur möglich, weil ich langsam Meter um Meter vorwärtsrolle.

Ich muss auch nicht unbedingt immer das Recht des Stärkeren ausüben. So kommt es auf der Autobahn oft vor, dass ich mich rechts einordne, auch wenn vor mir eine Kolonne von Lastwagen dahintuckert. Ich muss nicht um jeden Preis auf der linken Spur bleiben und alle überholen. Sich davon frei zu machen, führt zu einem erhebenden Gefühl. Daher kommt es auch so gut wie nie mehr vor, dass ich mich über andere Verkehrsteilnehmer oder über das Rowdytum auf unseren Straßen ärgere. Ich bleibe auch gerne stehen und lasse einen anderen Autofahrer aus einer Seitengasse in die Hauptstraße biegen. Besonders freue ich mich über Kinder wie Erwachsene, die sich per Handzeichen bedanken, wenn ich sie über den Zebrastreifen gehen lasse. Und früh am Morgen ist es einfach schön, wenn ich mir ein Lächeln von einem Schulkind einfangen kann. Es macht mich glücklich.

NACHBETRACHTUNG

Für Eltern ist es nie leicht, mit dem Tod ihres Kindes fertigzuwerden. Manche sprechen irgendwann nicht mehr über den schweren Verlust, andere brauchen ein Gegenüber, mit dem sie darüber reden können, weil sie ihre geliebte Tochter oder ihren geliebten Sohn nicht vergessen möchten. Ein tiefer Schmerz und Trauer bleiben jedoch immer, es ist wie bei einer Wunde, die nie verheilt. Besonders schwierig sind in den ersten Jahren die Geburtstage, aber auch Festtage wie Weihnachten, Ostern und Muttertag. Die Erinnerungen an die gemeinsame Zeit kommen dann besonders hoch und die Frage nach dem Warum und die Sinnlosigkeit belasten und lassen grübeln. Unsere Bereitschaft, mit Eltern über ihre Trauer zu sprechen, ist für sie besonders wichtig. Wir dürfen ihnen nicht ausweichen oder so tun, als würden wir sie nicht sehen, wenn sie auf der Straße auf uns zukommen.

Gute Trauerbegleitung ist gar nicht schwierig, denn sie erfordert nur echtes Zuhören und die Fähigkeit zu schweigen. Das gilt ebenso für die Sterbebegleitung, die ja im Grunde auch Trauer und Abschied in sich trägt. Wer trauert, einen schweren Verlust oder den Tod eines Kindes erlebt hat, braucht kein Patentrezept und auch keine Bewältigungsstrategien von außen, weil der damit einhergehende Schmerz einzigartig und für andere Menschen nicht nachvollziehbar ist. Selbst innerhalb einer Familie gibt es ganz unterschiedliches Trauerverhalten. Vor allem taucht jeder unterschiedlich schnell wieder in das Alltagsgeschehen ein.

Ich kenne zwei Mütter, die bei einem schweren Autounfall jeweils ihre Kinder verloren haben: Tochter, Sohn und das kleine Enkelkind kamen im benachbarten Ausland bei einem Frontalcrash ums Leben. Das ist jetzt gut zwei Jahre her, aber die Trauer und die Verzweiflung darüber sind noch immer präsent. Beiden Frauen tut es gut, darüber zu sprechen, sie sind jedoch der festen Überzeugung, dass der Schmerz in ihrem Herzen vielleicht in einigen Jahren zwar nachlassen, aber wohl nie ganz aufhören wird. Sie befinden sich in einem ständigen Kreislauf der Emotionen und sagen in aller Deutlichkeit, dass mit dem Tod ihrer Kinder und dem des Enkelkindes auch ein großes Stück von ihnen und in ihnen gestorben ist, dass sie sich nie mehr so freuen werden und so unbeschwert sein können wie vor diesem Ereignis. Die Wertigkeiten haben sich in ihrem Leben gravierend verschoben. Materielle Sicherheit, Wohlstand oder Besitz haben für diese beiden Frauen heute keine Bedeutung mehr, weil sie am eigenen Leib erleben mussten, wie von einer Sekunde auf die andere die Welt aus ihren Angeln gehoben wurde, alles Glück zerbrach und auf ewig verloren scheint.

Dass eine Mutter den Tod ihres Kindes nie verwinden kann, wird am Beispiel der Künstlerin Käthe Kollwitz deutlich. Ihr umfangreiches Werk zeigt, wie tief nicht nur das eigene Leid, sondern auch die Trauer Außenstehender an die eigene Seele rührt und nach Ausdruck drängt. Die Verlusterfahrung durch Krieg, der Schmerz trauernder Mütter, die Verzweiflung verlassener Kinder, Armut, Not und Elend sind Themen zahlreicher Lithografien, Radierungen und Holzschnitte der Künstlerin. Das Schwarz-Weiß dieser Bilder unterstreicht den dunklen Seelenzustand der Trauernden oft auf geradezu beklemmende Weise. Nur wenige Monate nachdem sich Käthe Kollwitz' Sohn Peter freiwillig zum Einsatz im Ersten Weltkrieg gemeldet hatte, fiel er in Flandern. Das nahm sie zum Anlass, ein plastisches Denkmal für ihn, alle Kriegsgefallenen und vor allem für die trauernden Eltern zu erschaffen. Erst 1932 konnte sie die Arbeit daran beenden. Zehn Jahre später fiel dann ihr Enkel Peter in Russland. Sie selbst musste flüchten und ihre Kunst war unerwünscht und galt als »entartet«, weil diese nicht zur Heroisierung des Krieges beitrug, sondern Frauen in ihrem Elend um die Trauer ihrer Kinder zeigt. Ein absoluter Widerspruch zur Nazipropaganda. Der Schmerz, wie ihn nur ein Mutterherz empfinden kann, spiegelt sich in Käthe Kollwitz' reichem Lebenswerk wider und blieb der Nachwelt erhalten als sichtbares Mahnmal, das für Leid und Trauer steht. Im Laufe der Jahre, meinte Käthe Kollwitz rückblickend, habe sich ihr Schaffen erweitert. »Ich erlebte, dass neben leiblichem Kummer, (…) die Not des Menschen besteht, der unter den Gesetzen des Lebens steht. (…) Darein sind eingeschlossen die Grundgefühle eines vollen Lebens, ohne die es überhaupt kein Leben gibt.«[7] Damit bleibt Trauer eine Farbe unseres Lebens und begleitet uns von der Geburt bis zum Tod.

Manchmal können Trauer und Schmerz auch unglaublich bunt ausgedrückt werden, wie es bei einer der wichtigsten Malerinnen des 20. Jahrhunderts, Frida Kahlo, der Fall ist. Die Tochter eines deutschen Einwanderers und einer mexikanischen Mutter war eine ungewöhnliche Frau, die mit 47 Jahren in ihrer geliebten Heimatstadt Mexico City starb. Ihr Leben prägten Schmerzen und Trauer, sodass ihr Gesamtwerk das Bild einer bewundernswerten Frau vermittelt, die gelitten und gekämpft hat und der es die Malerei ermöglicht hat, ihr Dasein zu ertragen und zu bewältigen.

---

7 Beate Bonus-Jeep. *Sechzig Jahre Freundschaft mit Käthe Kollwitz*. Karl Rauch Verlag, 1948. Seite 309.

Im Alter von sechs Jahren erkrankte Frida Kahlo an Kinderläh-
mung, wovon ein dünnes, verkrümmtes Bein zeugte. Als sie 18 war,
wurde der Autobus, mit dem sie von der Schule nach Hause fuhr, von
einer Straßenbahn gerammt, einige Menschen starben, Frida Kahlo
wurde schwer verletzt. Der stählerne Haltegriff des Autobusses hatte
sich dabei durch ihre linke Hüfte gebohrt und die Vagina durchsto-
ßen. Das Rückgrat war im Beckenbereich schwer verletzt worden,
das Schambein und die Rippen mehrfach gebrochen, der rechte Fuß
zerquetscht. Lebenslange Schmerzen, mehrere Fehlgeburten, über 30
Operationen, die meisten davon an der Wirbelsäule, und nicht zuletzt
die Trauer darüber, kein Kind austragen zu können, waren die Folgen
dieses Unfalls. Mit 22 Jahren heiratete sie den mehr als 20 Jahre älteren,
weltweit anerkannten Maler Diego Rivera. Ihre obsessiven Gefühle für
ihn, der für seine zahlreichen Liebesabenteuer bekannt war, waren für
sie eine weitere Quelle ihres Leidens.

Nach dem Verkehrsunfall hatte Frida Kahlo noch im Krankenhaus
und in den langen Monaten der Genesung begonnen, ernsthaft zu
malen, und ihre ursprüngliche Absicht, Medizin zu studieren, verwor-
fen – letztlich ihr Weg, um die körperlichen und seelischen Schmerzen
zu ertragen. *Baum der Hoffnung, bleibe stark*, so der Titel eines Selbst-
porträts, entstand nach einer der vielen Wirbelsäulenoperationen. Es
zeigt die Malerin einmal in einem leuchtend roten Kleid auf einer Art
Operationsholzbock aufrecht sitzend. Auf einem Gestell mit kreuz-
weise verbundenen Holzlatten liegt die andere, malträtierte Frida, dem
Betrachter abgewandt, aus zwei frischen Narben am Rücken sickert
Blut. Die Szene ist in eine tote Einsamkeit ausstrahlende Landschaft
gestellt, die Erde dunkel zerfurcht. Das Bild besteht quasi aus zwei
Hälften, einer hellen und einer dunklen, um so die Licht- und Schat-
tenseite des Lebens zum Ausdruck zu bringen.

Bei all ihrem Leid war Frida Kahlo eine lebenslustige und tapfere
Frau geblieben. Ebenso, wie sie ihren körperlichen und seelischen

Schmerzen in ihren Bildern Ausdruck verlieh, versuchte sie, ihnen im Leben standzuhalten. Bereits in frühen Jahren überspielte sie ihre körperlichen Schwächen mit burschikoser Unangepasstheit und rebellischen Gedanken. Später wurde sie zur Meisterin der Selbstinszenierung und einer politisch engagierten Frau. Den zunehmenden körperlichen Gebrechen setzte sie bis zu ihrem Lebensende Schönheit und Kreativität entgegen. Selbst in den misslichsten Phasen der Krankheit zeigte sich Frida Kahlo auf das Prächtigste geschmückt, mit bunten Bändern oder Blumen im Haar, mit prachtvollen Ringen an den Fingern und gewagten Ohrgehängen. Hinter ihrer Theatralik und Selbstinszenierung versteckte sich nicht nur die »schmerzensreiche« Frida aus ihren Bildern, sondern eine starke und rebellische Frau, die allen körperlichen Gebrechen zum Trotz an der Fülle des Lebens teilhat.

»Ich male meine eigene Wirklichkeit«, hat Frida Kahlo einmal über ihr Schaffen gesagt, als man sie den surrealistischen Künstlern zuordnen wollte. Neben dem dargestellten Schmerz spiegeln ihre Bilder auch das Seelenleben einer Frau, die sich den Blick für die Schönheit und Vitalität des Lebens über alle persönlichen Gebrechen und Verzweiflungen hinweg bewahrt hat.

Wenn jemand Trauer empfindet, braucht er Zeit und er muss sie ausdrücken können. Dabei ist es wichtig, die Stunden, Tage und Monate zu genießen, in denen die Trauer nicht unser Leben bestimmt, und sie bei allem, was wir denken und tun, nur leise, manchmal melodisch und zart mitklingt. Alles, was wir nicht verhindern können oder was wir durchleben müssen, sollten wir in unser Leben integrieren. Dann verlieren auch Sterben und Tod, Trauer und Abschied ihren Schrecken. Also:

- Genießen wir die kleinen und großen Freuden heute, morgen ist es vielleicht schon zu spät dafür.
- Trauen wir uns zu, einen vertrauten Weg zu verlassen, um neue Erfahrungen zu machen.

- Geben wir nicht auf, solange unsere zündende Idee noch nicht verwirklicht ist.
- Leben wir so, als wäre heute schon der letzte Tag, ohne Wiederholung und ohne Wiederkehr.
- Lassen wir uns treiben vom Wind, den Wolken und Sternen, von der Sonne, den Gedanken und Gefühlen, und machen wir uns nicht immer so viele Sorgen um das Morgen.

Eine Kursteilnehmerin hat mir eine E-Mail mit dem nachstehenden Text geschrieben. Das Gedicht hat sie so stark angesprochen, dass sie es bei eisiger Temperatur und Nieselregen mit klammen Fingern auf einem Friedhof von einem provisorischen Grabkreuz abgeschrieben hat. Der Text hätte auch sehr gut von Kati kommen können.

Steh nicht an meinem Grab und weine.
Ich bin nicht dort. Ich schlafe nicht.
Ich bin tausend Winde, die wehen.
Ich bin Diamantenglanz auf dem Schnee.
Ich bin Sonnenlicht auf reifem Korn.
Ich bin der warme Herbstregen.
Wenn du aufwachst in des Morgens Stille,
bin ich der Flügelschlag der stummen Vögel,
die über dir ihre Kreise ziehen.
Ich bin die sanften Sterne,
die nachts leuchten.
Steh nicht an meinem Grab und weine.[8]

---

8   Verfasser unbekannt.

Zehn Gebote, um heil durch den Alltag zu kommen

Unser Leben wird bestimmt durch Regeln, Ge- und Verbote. Wir wünschen uns Impulse und Hilfestellungen, wie wir den Alltag leichter bewältigen können; wir lassen uns Rezepte geben und Medikamente verordnen, um unsere Gesundheit in den Griff zu bekommen. Wir sehnen uns manchmal nach Ruhe und Entspannung und suchen nach meditativen Möglichkeiten zur körperlichen und geistigen Entschleunigung. In Krisensituationen klammern wir uns an Patentrezepte und Lebenshilfekolumnen wie Ertrinkende an den berühmten Strohhalm. Dabei wäre es ganz einfach, Krisen, schwierige und belastende Lebenssituationen ohne Hilfe von außen zu meistern, denn in uns selbst wohnen eine Kraft und eine Stärke, die uns beschützen und die uns helfen weiterzuleben, was auch immer geschehen mag.

Ich habe immer wieder für verschiedene Gruppen »Gebote« formuliert, an die man sich hin und wieder erinnern sollte, wenn einem alles zu viel wird. Ich habe »Gebote« verfasst für Pflegepersonal, für Angehörige von kranken und alten Menschen oder für ArbeitnehmervertreterInnen in Unternehmen. Manchmal muss man sich nur erinnern oder man braucht einen Impuls, um etwas anders, genauer oder neu zu betrachten und entsprechend zu handeln. Die nachstehenden zehn Gebote, um heil durch den Alltag zu kommen, sind quasi das Vermächtnis der Verstorbenen an uns Lebende, damit wir unsere Zeit nicht vergeuden und auch an uns selber denken:

1. *Genieße den Tag, als gäbe es kein Morgen.*
2. *Blicke nicht in Trauer zurück auf das, was nicht möglich war.*

3. *Gehe mit Gelassenheit in den neuen Tag, denn er wird schön werden.*

4. *Übe dich in Geduld und verliere nie die Hoffnung und die Zuversicht.*

5. *Suche mitten im Alltag Oasen und genieße die kleinen Freuden des Lebens.*

6. *Bleibe beweglich in Körper und Geist, aber verausgabe dich nicht ganz.*

7. *Dinge, die nicht zu ändern sind, warten darauf, losgelassen, verabschiedet oder ins Leben integriert zu werden.*

8. *Verliere nie die Neugierde und die Freude am Erforschen und Ausprobieren.*

9. *Betreibe regelmäßig »Wurzelpflege« und definiere den eigenen Standort neu.*

10. *Denke nicht immer nur an die anderen, sondern auch an dich selbst.*

Resümee

Mein persönliches Fazit aus den Begegnungen mit und der Begleitung von Menschen, die nicht mehr lange zu leben hatten und die mir gezeigt haben, dass die schönsten und wichtigsten Augenblicke im Leben unentgeltlich, also umsonst zu haben sind, setzt sich aus folgenden Punkten zusammen:

Ja, ich freue mich jeden Morgen über den neuen Tag, der auf mich zukommt.

Ja, ich möchte meine Abenteuerlust und die Freude am Unbekannten nie ganz verlieren.

Ja, ich werde weiterhin Steine und Muscheln sammeln und sie aufheben für die Zeit, zu der es für mich nur noch die Erinnerung ans Meer und unbeschwerte freie Zeiten gibt.

Nein, die Ideen werden mir nicht ausgehen, und ich begebe mich ohne Angst auf die Suche nach neuen Wegen und neuen Herausforderungen.

Ja, ich schaue gerne in den Sternenhimmel und freue mich über das Glitzern und Leuchten am Firmament.

Nein, ich brauche kein Handy, um den lieben langen Tag unentwegt irgendwelche Kleinigkeiten und Befindlichkeiten mitzuteilen.

Ja, ich lobe mich selbst, wenn ich am Abend feststelle, dass ich einen anstrengenden, chaotischen Tag gut gemeistert habe.

Nein, ich habe keine Angst vor Abschied, Trauer und Tod. Für mich gehören zum Leben nicht nur Sonnen-, sondern oftmals auch Schattenseiten.

Ja, ich kaufe mir gerne hin und wieder selbst einen Blumenstrauß auf dem Bauernmarkt oder im Blumenladen.

Ja, ich werde mir meine Haare weder tönen noch färben und mein Gesicht mit keiner Anti-Aging-Creme bearbeiten, sondern die Zeichen des Alterns gerne und in Würde annehmen.

Ja, es ist ein Glücksgefühl, von Menschen, die man liebt, in den Arm genommen zu werden.

Nein, ich lasse mir nichts einreden und mich auch nicht beeinflussen, wenn ich anderer Meinung bin.

Ja, ich werde auch weiterhin Briefe schreiben und sie mit der Post verschicken. Genauso gerne beantworte ich E-Mails.

Nein, ich werde nicht der Facebook- oder Twitter-Gemeinde beitreten, denn ich möchte Menschen, mit denen ich kommuniziere, in die Augen schauen können.

Ja, ich kann mich wie ein Kind über einen Marienkäfer auf der Hand oder einen prachtvollen Schmetterling auf einer Blüte freuen.

Nein, ich lasse mich weder gesellschaftlich noch politisch von irgendeiner Gruppe oder Lobby vereinnahmen; ich werde auch weiterhin die Dinge beim Namen nennen und laut aussprechen, was ich denke und fühle.

Ja, ich möchte aufgeschlossen bleiben für alles Neue und dafür Interesse entwickeln.

Ja, ich denke nicht immer nur an die anderen und bin nicht ausschließlich für sie da, sondern ich denke ganz bewusst manchmal auch an mich und achte sehr darauf, dass meine persönlichen Grenzen nicht überschritten werden.

Ja, ich brauche im lärmenden Alltag immer wieder Oasen der Stille und der Ruhe und suche danach.

Nein, mich kann nichts so schnell aus der Bahn werfen.

Ja, ich habe Vertrauen in meine Fähigkeiten und glaube an die kreativen Kräfte, die in mir schlummern.

Nein, ich warte nicht bis morgen, wenn ich jemandem etwas zu sagen habe. Morgen ist es oft schon zu spät.

Ja, ich bin sehr glücklich und zufrieden mit dem, was ich in meinem Leben bereits erreicht habe.

Nein, ich habe das Lachen noch nicht verlernt und kann manchmal auch sehr herzlich über mich selbst und meine großen und kleinen Schwächen lachen.

Ja, ich höre oft und gerne auf die Stimme meines Herzens und folge nicht ausschließlich meinem Kopf.

Nein, ich mache mir keine großen Sorgen um die Zukunft, sondern ich genieße den Augenblick.

Ja, ich nehme mir die Zeit für schöne Dinge wie Kunst, Musik und Literatur und werde weiterhin guten Theaterinszenierungen und Ensembles bis nach Wien, München oder Berlin nachreisen und Konzerte sowie Opernabende genießen.

Nein, ich vergesse nicht, meinen Kreislauf in Schwung und meinen Körper fit zu halten, aber alles in einer »sanften Dosis« und ohne mich zu sehr zu verausgaben.

Ja, ich breche gerne zu neuen Ufern auf und habe immer wieder Träume. Wohin mich meine aktuellen »Reiseträume« führen würden? In die Everglades nach Florida, nach Norwegen wegen des Nordlichts und zu den steinernen Moai auf den Osterinseln. Erfüllen sich diese Wünsche nicht, bin ich nicht traurig, denn es gibt ja noch die Möglichkeit, einen Film darüber zu sehen oder in Gedanken zu reisen.

Ja, ich werde das Staunen wohl nie verlernen. Als ich unlängst in Istanbul in der faszinierenden Hagia Sophia stand, einst byzantinische Kirche, später Moschee, und staunend zur Kuppel hinaufblickte, spürte ich eine zarte Berührung. Es war ein sehr alter Muslim mit einem weißen Turban auf dem Kopf. Wie ich bewunderte er das Bauwerk und hatte er den gleichen Glanz in seinen müden Augen beim Blick nach oben. Wir hatten uns beide langsam im Kreise gedreht und uns dabei

sacht berührt – ein unglaublicher Augenblick der stummen Überein-
stimmung trotz unterschiedlichen Alters sowie kulturellem und religi-
ösem Hintergrund.

Ja, das Leben in all seiner Vielfalt und Buntheit ist schön und kostbar.
Leben wir unser Leben heute, denn morgen kann alles schon vorüber
sein!

LITERATURHINWEISE

Anthony, Suse, *Märchen vom Löwenzahn*. Eschbach-Verlag in der Gruppe Patmos/Schwaben, 2006.

Assauer, Rudi, *Wie ausgewechselt. Verblassende Erinnerungen an mein Leben*. riva, 2011.

Bauer, Ingrid, *Welcome Ami, Go Home – Die amerikanische Besatzung in Salzburg 1945–1953*. Verlag Anton Pustet, 1998.

Bernhard, Thomas, *Die Autobiographie: Die Ursache/Der Keller/Der Atem/Die Kälte/Ein Kind*. Residenzverlag, 2009.

Bonus-Jeep, Beate, *Sechzig Jahre Freundschaft mit Käthe Kollwitz*. Karl Rauch Verlag, 1948.

Camus, Albert, *Reisetagebücher*. rororo Taschenbuch, 1997.

Couilloud, Nathalie, *Poesie des Meeres*. Edition Maritim, 2007.

Furuya, Seiichi, *Christine Furuya-Gössler 1983/Seiichi Furuya 2006. Mémoires 1983*. fotohof edition 2006 (Band 75).

Furuya, Seiichi, *Christine Furuya-Gössler, Mémoires, 1978–1985*. Korinsha Press, 1979.

Giacometti, Alberto: »*Giacometti*« – Ausstellung in der Fondation Beyeler, Riehen/Basel, 2009, Katalog herausgegeben von der Beyeler Museums AG, Hatje Cantz Verlag, Ostfildern.

Grimberg, Salomon, *Frida Kahlo – Bekenntnisse*. Prestel, 2009.

Herrera, Hayden, *Frida Kahlo – Die Gemälde*. Schirmer/Mosel, 1997.

Hesse, Hermann, *Mit der Reife wird man jünger*. Suhrkamp-Taschenbuch, 2003.

Hodler, Ferdinand, *Biographische Erinnerungen*. Herausgegeben von Beat Sterchi und Cornelia Luchsinger, Scheidegger & Spiess, 2004.

Kübler-Ross, Elisabeth, *Kinder und Tod*. Kreuzverlag, 1984.

Lemke Muniz de Faria, Yara-Colette *Zwischen Fürsorge und Ausgrenzung. Afrodeutsche Besatzungskinder im Nachkriegsdeutschland*. Metropol, 2002.

Márai, Sándor, *Die vier Jahreszeiten*. Piper, 2009.

Maruschko, Renate, *Kunst braucht den Schmerz – Frida Kahlo*. unveröffentlichter Text, Graz 2000.

Rilke, Rainer Maria, *Die schönsten Gedichte*, insel taschenbuch 4053, 2011.

Rilke trifft Kafka – In einem Prager Kaffeehaus treffen sich die beiden Literaten (Theaterstück) erschienen bei: www.amazon.com/kindle

Ruhl, Klaus-Jörg (Hrsg.), *Frauen in der Nachkriegszeit 1945–1963*. dtv, 1988.

de Saint-Exupéry, Antoine, *Der kleine Prinz*. Karl Rauch Verlag, 1999.

Seemann, Annette, *Ich habe mich in eine Heilige verwandelt – Frida Kahlo*. List Taschenbuch, 2003.

Souter, Gerry, *Frida Kahlo – Hinter dem Spiegel, Diego Rivera – Kunst und Leidenschaft*, Parkstone International, New York, 2007, 1998.

Specht-Tomann, Monika, und Doris Tropper, *Zeit des Abschieds. Sterbe- und Trauerbegleitung*. Patmos, 2003.

Specht-Tomann, Monika, und Doris Tropper, *Hilfreiche Gespräche und heilsame Berührungen im Pflegealltag*. Springer, 2007.

Tropper, Doris, *Bachmann trifft Callas – Ingeborg Bachmann und Maria Callas treffen sich in einem Haus am Meer* (Roman). Erschienen bei: www.amazon.com/kindle.

Die Hoffnung stirbt nie

208 Seiten
Preis: 17,99 € [D] | 18,50 € [A]
ISBN 978-3-86882-256-4

Miguel Almoril

GEGEN JEDE PROGNOSE

Miguel Almoril ist frisch verliebt in seine Yuliya, sie ist bereits in der 7. Woche schwanger, das Glück scheint perfekt. Bis zum 16. November 2009, an dem sie bei einem Verkehrsunfall schwer verletzt und ins künstliche Koma versetzt wird. Miguel muss sich entscheiden, ob er die Schwangerschaft abbrechen lassen will, um Yuliya nicht zu gefährden. Er entscheidet sich für die Schwangerschaft, weil er an die Rettung von Mutter und Kind glaubt. Ein einzigartiges Buch über eine ganz besondere Liebe.

Wieder stressfrei durchs Leben

224 Seiten
Preis: 14,99 € [D] | 15,50 € [A]
ISBN 978-3-86882-251-9

Oliver Fritsch, Michaela Lang

DAS ANTI-BURNOUT-BUCH
Die wirksamste Strategie zur Stressbewältigung

In diesem praktischen, der eigenen Situation anpassbaren Arbeitsbuch zeigen uns die Autoren ihre praxisbewährte Methode als Prävention gegen den Burnout, für eine bessere Work-Life-Balance und mehr Selbstbestimmung. Mithilfe eines Stressradars können die brennendsten Stressthemen schnell und unkompliziert analysiert werden. In diesem Buch kann jeder seine eigene maßgeschneiderte und daher besonders effektive Strategie zur Stressbewältigung entwickeln und zu einem erfüllten und glücklichen Leben finden.

mvgverlag

Wellness für Ihre Seele

192 Seiten
Preis: 14,99 € [D] | 15,50 € [A]
ISBN 978-3-86882-260-1

Kurt Tepperwein

DIE BOT-SCHAFT DEINER SEELE

Das 3-Säulen-Prinzip zur emotionalen Entsäuerung

Negative Gefühle wie Schuld, Ärger, Zweifel und Enttäuschung hinterlassen Spuren in unserer Seele. Je länger wir diesen negativen Einflüssen ausgesetzt sind, desto nachhaltiger verbleiben die Spuren in uns. Das Resultat: eine Art emotionale Übersäuerung. Kurt Tepperwein hat ein effektives und erholsames Detox-Verfahren entwickelt, mit dem wir unserer Seele einen ungeahnten Erholungseffekt und Frischeboost zukommen lassen können.

C